人生のリセットを。

住宅ローン地獄から
あなたを救う

わかりやすい

# 任意売却

斎藤　善徳

本分社

# まえがき

住宅ローンを払えなくなったら、家は競売《けいばい》にかけられてしまう、家を失ってしまう。そんなことをおぼろげながら知っている方は多いかと思います。では、競売にはどんなイメージがあるでしょう？　差押え、安く買い叩かれて転売、強制退去など、ともすれば人生の終わりのようなどこか暗い感じがあるかもしれません。また、誰もが経験することでもないので、その経緯も不透明に感じられることかと思います。

住宅ローンを組んでやっと手にしたマイホームですが、その幸福が音を立てて崩れてしまうようなイメージを持つ方もおられるかもしれません。

今この本を手にしてくださっているあなたが、もしも住宅ローンを滞納してしまって、苦悩の日々を送られているとするならば、競売以外にも選択肢があるということを知ってもらいたいのです。

## ●●まえがき

それが、この本の主題である「任意売却」です。

任意売却とは、住宅ローンの返済が困難になったとき、マイホームが競売になってしまう前に、住宅ローンの融資を受けている人と金融機関の合意を取り付け、その不動産を売却する手続きのことです。

詳しくは本書の中で述べますが、競売と比べて任意売却にはたくさんのメリットがあります。

まず一番のメリットは、任意売却物件は一般市場で売却するので、相場に近い金額で売却できることです。残債を少なくすることにつながります。また、占有者情報などが公開される競売と違って、近隣や会社、学校等に知られず売却することが可能です。家族のプライバシーも守られます。売却した家の明け渡し時期や条件の要望を聞いてもらえるときもあります。また、任意売却そのものには費用は一切かかりませんし、売却代金の中から、税金の滞納分も配分されることがあります。望まれるならば、今の家に住み続ける、という選択肢もあります。

同時に、気を付けないといけない点もあります。競売を回避し、任意売却を選択しようと思われたら、いち早く専門家に相談してほしいということです。早ければ早いほど、成功率が上がります。

任意売却がうまくいくかどうかは、「迅速に信頼のおける専門業者をパートナーに選ぶ」ことが最大のポイントです。

任意売却を扱うことができるのは、弁護士や司法書士ではなく、宅地建物取引士のいる不動産業者です。そして、不動産業者ならどこでもいい、大手の不動産業者なら安心、というわけではありません。

本書では任意売却を任せるならどのような業者を選べばいいのかを、チェックシートを加えて分かりやすく書いています。

## ●●まえがき

現代が情報社会であるのは間違いありません。調べものをするときは、つい十数年前は「図書館に行って、分厚い本をめくって調べていた」「専門の人に聞くしかなかった」という時代でした。それが当然でした。

しかし、今ではインターネットが一般家庭などにも普及し、小学生から高齢者まで、スマートフォンやパソコンを上手に操り、いつでもどこでも世界中のニュースを瞬時に得られる時代になりました。一方で、情報が氾濫し、流れ出した内容について、疑問の声があるのも事実です。

私たちは、大量の情報に左右されず、自ら取捨選択する目を持たないといけない時代にいるのです。インターネットが当たり前のように普及しても、100%正しい情報を得られるわけではありません。

住宅ローンの返済に関して大切な選択肢の一つが任意売却です。

あなたが住宅ローン返済に困っていれば、手を差し伸べ、助言をしてくれる人はたくさんいるでしょう。競売や任意売却に関する情報があふれ、どれをどう手繰り寄せればよいか分からなくなるくらいです。でも、その中で、最善な方法を選ばなくてはなりません。

もし、あなたが住宅ローン返済についてお悩みであるならば、本書で、住宅ローン返済を救う任意売却に関して正しい情報を得て、人生のリセットを行ってください。

人は誰でも再生できます。

そして、あなたが思っているよりも、その道のりは近いかもしれません。

## ●●まえがき

# 第1章
# 住宅ローン返済に赤信号!! そのとき……

## なぜ住宅ローン返済ができなくなってしまったのか

「家は一生に一度の買い物」「マイホームは人生最大の買い物」と、よく言われます。確かに、非常に大きな金額が動きますし、一生涯でそう何回もある買い物ではありません。

日本が「高度経済成長期」と言われ、著しい成長を見せていた頃、会社の業績に比例するように、会社員の給与や賞与も右肩上がりでした。年功序列、終身雇用が当たり前の時代、真面目に働いていれば安定した収入があり、誰もが「住宅ローンも問題なく返していける」と思っていたはずです。

そして、不動産業者や住宅メーカーはもちろん、資金を貸し付ける金融機関も強気でした。金融機関は、不動産を担保に過剰な融資や無謀な融資も行っていたのではないかなと思います。

１９９０年代に販売された「ゆとりローン」は、返済開始から5年ないし10年の「ゆとり期間」の返済額を低く設定し、その抑えた分を期間終了後に上乗せするというものです。低所得者でも、将来の所得アップを前提に住宅ローンが組める時代でした。

しかし、バブル経済崩壊後は、長期のデフレ時代に突入し、さらにその後、世界的な不況の波が日本を直撃しました。以後、日本の景気はなかなか回復していません。会社の業績が悪化すれば、リストラや賃金カット、昇給カット、ボーナスカットなど、世帯収入に直結する問題に発展します。

多額のローンを組んでいる人、ボーナス払いの額が大きい人は、すぐさま家計の中で多くなウエイトを占める住宅ローンの返済に響いてきます。30年、35年という長期返済の場合は、退職金をあてにした計画もあるでしょう。定年退職の時期を超える長期ローンを組んだ人は、会社の制度が変わって、退職金制度自体がなくなったり、退職金の額が違ったりすると、返済の計画が大きく狂ってしまいます。

また、万が一職を失ってしまうと再就職は困難で、新たな職を得たとしても、今までと同額の収入が見込めないケースが大半です。

その結果、住宅ローンが返済できなくなるのです。

住宅を購入した当初に考えていた人生が、設計図通りに進まず、当時は想像もしなかったさまざまなことが起きてしまう。住宅ローンの資金計画がとん挫し、返済ができなくなるということは、特定の人ではなく、誰にでも起こる話なのです。

生活を切り詰め、貯金を切り崩し、何とか返済を続けていても、いずれ貯蓄は底を突きます。親、親戚や知人から借金をして目先は何とかなっても、その次は消費者金融などでローン返済のためのローンを組み、さらに借金を抱えてしまうことになります。

住宅ローンの返済に困っている人はたくさんいます。「今月の返済ができそうにない」「ついに滞納してしまった」とどんどん落ち込んで心の病になったり、体調を崩したりしています。

「住宅ローンを滞納したらどうなるのか」「家を取られてしまうのではないか」ということについて、世の中にはネットや口コミなど、いろいろな情報が飛び交っています。真偽のほどはともかく、必要以上に不安をあおったり、不確実なことをアドバイスしたりする人がいるようにも見受けられます。

住宅ローンを払えなくなったからといって、すぐに家を取られてしまうことはありません。まだ、できることがたくさんあります。まだ、間に合います。

それを本書で順を追ってひも解いていきましょう。

## 介護、病気、怪我　私たちをとりまく環境は今

日本人の平均寿命は年々伸びています。女性は86・83歳、男性は80・50歳（２０１４年現在）で、女性は世界で１番の長寿国です。家族に介護の必要な人が出たら、その時から生活は変わってくるでしょう。先の見えない介護生活は、心身ともに疲れが蓄積し、周囲の人にも影響が出てきます。

やりがいを持って続けていた仕事を辞めざるを得なくなる場合もあるかと思います。その人が、一部でも家計を担っていたとしたら、住宅ローンの返済にも影響が出てきます。また、経済的負担がない場合でも、ひとたび体調を崩せば、今度は介護す

る人の確保も必要になってきます。施設へ入所させるのはひと苦労で、その後は利用料などの負担もかかってきます。介護には「いつまで」という期限がないため、家族やその周囲の人たちの生活が変わっていくことに留意しておきましょう。

住宅ローンは、健康だから払えるものです。契約時には生命保険に加入するケースが大半ですが、契約者の家族が健康を損なった場合は、その保険の効力はありません。また、最近増えていると言われている、鬱などの心の病気にも注意が必要です。治癒するには、長期の治療や投薬が必要なときもあります。仕事ができなくなり、休職したり退職したりするケースもあるでしょう。一人の病が、住宅ローンの破たんをもたらす可能性があるのです。

怪我が原因で、長期間収入がなくなってしまうこともあります。

## 「離婚して再スタート」という相談の増加

住宅ローンの返済に困って弊社へ相談に来られる方には、ご夫婦が不仲だったり、離婚の話が進んでいたり、すでに離婚されていたりする場合が少なくありません。お二人同時に話をさせていただくことが難しいばかりか、連絡を取ることすら大変なこともあります。

それでは、「任意売却と同時に離婚して、人生をリセットしよう」という場合に、どんな問題があるのでしょう。

例えば、自宅は夫婦どちらかの名義で、もう一人がローンの連帯保証人になっている場合は、住宅ローンを滞納すると、連帯保証人に返済義務が発生します。連帯保証人の方から、家のローンを負担したくないという相談も多いのです。

また、ご夫婦で銀行から融資を受け、共有名義で住宅を建て、ローンが残ってしまったときにどうすればよいかという問題もあります。

具体的な解決方法につきましては後ほど触れますが、いずれにしましてもお互いの協力は不可欠です。共有名義の住宅を売却しようと思っても、離婚後は互いに連絡を取ることが難しくなりますので、離婚成立前に相談するなど早めの対応をお勧めします。

離婚というデリケートな状況にありながら、住宅ローンという困難な話を当事者同士で進めると、互いに何かと感情的になりがちです。そこで貴重な時間を取られてしまうと、後々「もっと早くしておけばよかった」ということになります。そういう事態を避けるため第三者が間に入ると、冷静さを取り戻していただけることもあります。

近年、この離婚に関わる任意売却は年を追うごとに増えてきています。本書第4章にてさまざまな実例を掲載しておりますので、ご参照ください。

## もし、今のまま放置していたら……

住宅ローンには「担保」があります。ローンを組んだときに、購入した物件を担保とした「抵当権」が設定されているのです。抵当権とは、金融機関が不動産を担保に融資をするときに設定する担保権のことをいいます。

不動産の抵当権は、借り手が返済できなくなった場合に、抵当権を実行し、債権を回収するためのものです。ですから、住宅ローンを組んで購入したマイホームは、ローンを完済するまでは、自分のものではないのです。

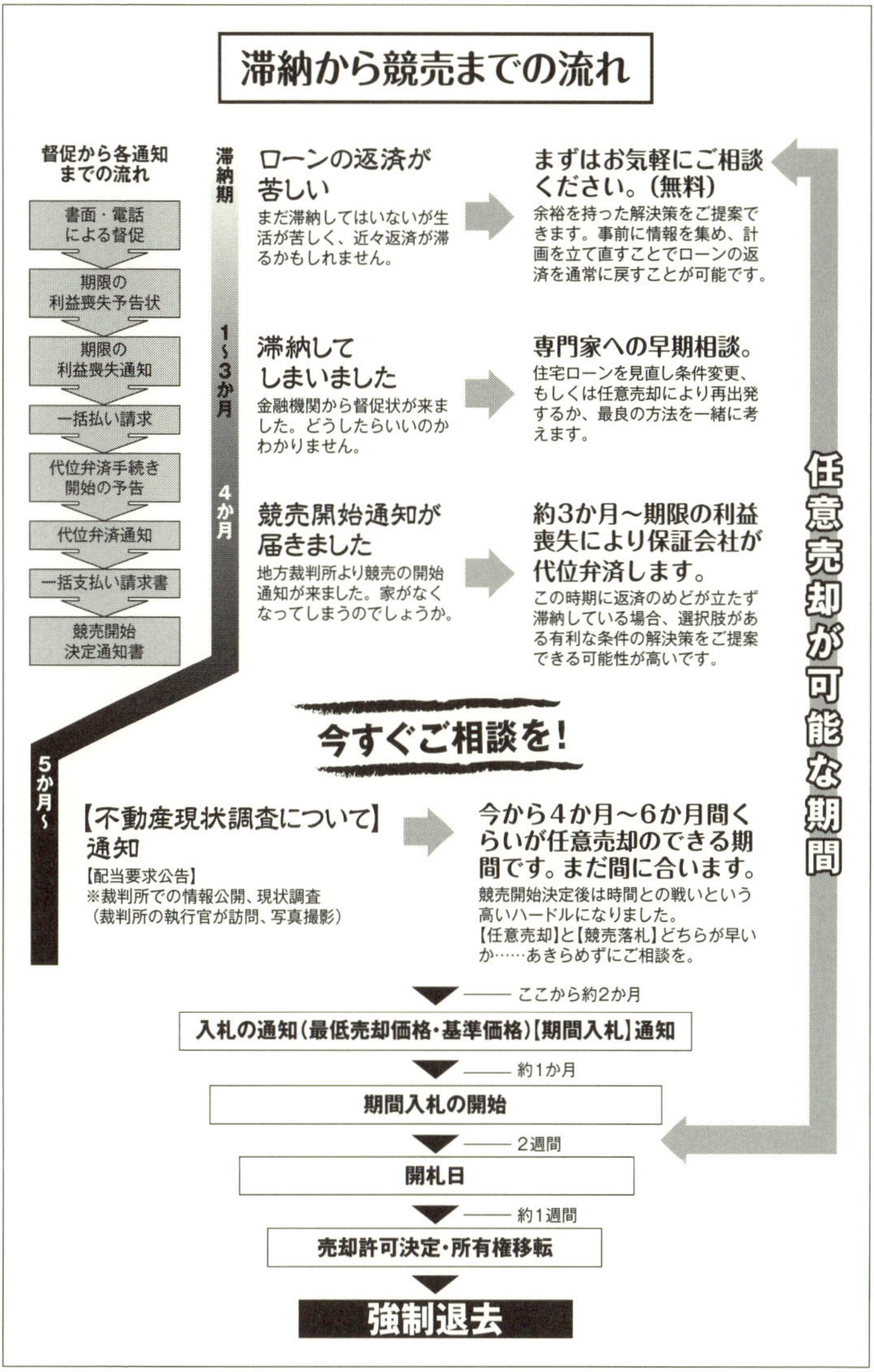

滞納から競売までの流れ
督促から各通知までの流れ
書面・電話による督促
期限の利益喪失予告状
期限の利益喪失通知
一括払い請求
代位弁済手続き開始の予告
代位弁済通知
一括支払い請求書
競売開始決定通知書
滞納期
1～3か月
4か月
5か月～
ローンの返済が苦しい
まだ滞納してはいないが生活が苦しく、近々返済が滞るかもしれません。
まずはお気軽にご相談ください。（無料）
余裕を持った解決策をご提案できます。事前に情報を集め、計画を立て直すことでローンの返済を通常に戻すことが可能です。
滞納してしまいました
金融機関から督促状が来ました。どうしたらいいのかわかりません。
専門家への早期相談。
住宅ローンを見直し条件変更、もしくは任意売却により再出発するか、最良の方法を一緒に考えます。
競売開始通知が届きました
地方裁判所より競売の開始通知が来ました。家がなくなってしまうのでしょうか。
約3か月～期限の利益喪失により保証会社が代位弁済します。
この時期に返済のめどが立たず滞納している場合、選択肢がある有利な条件の解決策をご提案できる可能性が高いです。
今すぐご相談を！
【不動産現状調査について】通知
【配当要求公告】
※裁判所での情報公開、現状調査（裁判所の執行官が訪問、写真撮影）
今から４か月～６か月間くらいが任意売却のできる期間です。まだ間に合います。
競売開始決定後は時間との戦いというハードルになりました。
【任意売却】と【競売落札】どちらが早いか……あきらめずにご相談を。
ここから約2か月
入札の通知（最低売却価格・基準価格）【期間入札】通知
約1か月
期間入札の開始
2週間
開札日
約1週間
売却許可決定・所有権移転
強制退去
任意売却が可能な期間

では、住宅ローンが払えないまま放置していたら、どうなってしまうのでしょう。

## 1. 期限の利益喪失

返済日にローンが引き落とされなかったときは、「再引き落としの通知」が郵送されてきます。再引き落とし日にも引き落とされなかった場合、次は金融機関の担当者から電話や書面による督促がきます。「すぐに返済するように」という内容です。

それ以上住宅ローンの返済が滞ると、ローンを組む上で最大のメリットとされる「期限の利益」の喪失の予告をする文書が、内容証明郵便などによって送られてきます。一般の金融機関であればおおむね3か月以上の滞納、住宅金融支援機構の場合は6か月程度の滞納が続いたとき、この通知が送られてくることが多いようです。

住宅ローンを締結する際には、金銭消費貸借契約を締結します。この契約書には、「住宅ローンの滞納をすることは契約に違反していることになるため、この時点で住宅ローン借入金の一括返済を求める」という内容が記されています。もし、債務者（借り手）が住宅ローンの滞納をした場合、債務者にいつまでも分割返済の利益を与える必要がない、ということです。

「期限の利益」とは、「ちゃんと契約通り返済していれば、一括返済を求められることがない」という利益のことです。そして、返済が滞るなどして契約通りいかなくなると、その利益がなくなります。これが「期限の利益の喪失」です。

「期限の利益喪失通知」はいわば最終請求といえるものです。債務者は、期限の利益を失うことにより、残っている住宅ローンの残債の全額を、債権者に対してただちに一括で返済しなさいという通知です。それが不可能ならば競売にかけますという予告でもあります。この時点で「遅れた分を返済する」と言っても分割払いは認められません。

## ２．代位弁済の通知

住宅ローンの滞納が続くと、銀行などの債権者から期限の利益喪失通知が送られてきます。では、その後はどうなるのでしょう？

期限の利益喪失通知が送られてきた少し後に、住宅ローンの保証会社から「代位弁済通知」が送られてきます。

代位弁済とは、債務者以外の第三者または共同債務者の１人が、債権者に対して債務の弁済を行うことをいいます。

住宅ローンを借りるとき、債務者は、金融機関との間で交わした金銭消費貸借契約とは別に、「保証会社や保証協会と「保証委託契約」を結んでいます。これは、住宅ローンを借りるときに、金融機関から債務者への融資の保証を、保証会社や保証協会に依頼するということです。

この保証契約により、債務者が住宅ローンの滞納をし、前述の期限の利益喪失をした場合に、保証会社等が債務者に代わって金融機関へ借入金の全額を一括で支払います。

それでは、保証会社等が代位弁済をした後はどうなるのでしょう？

保証会社が残債を支払ったからといって債務がなくなるわけではありません。住宅ローンの債権が、金融機関から保証会社、保証協会へ譲渡されたということだけなのです。当然、返済義務は残ったままです。保証会社や保証協会が金融機関に代位弁済すると、債務者は保証会社等から債務を一括請求されます。

代位弁済通知とは、「債権が金融機関から保証会社等へ譲渡されます」ということと、「保証会社等から残債を一括請求されます」という通知のことです。

代位弁済通知があると、団体信用生命保険の契約が解除されることも知っておきましょう。すなわち、債務者が死亡しても、保険金は下りないということになります。

また、代位弁済が行われると、個人信用情報に事故としての記録が残ります。いわゆる「ブラックリスト」に名を連ねることになりますので、今後の借り入れ等が難しくなります。この段階までくると、債務者は債務を一括返済するか、自宅を競売にかけられるかの選択を迫られます。

しかし、まだ、任意売却が残っているのです。

## 3. 競売開始決定

では、一括返済できなかった場合はどうなるのでしょう?

住宅ローンを契約したとき、自宅には根抵当権や抵当権が設定されています。債権者は、担保物件を第三者に売ることで債権の回収を行うのです。債権者は、不動産の売却金額による債権回収ができそうな場合、それを換金するために、地方裁判所に不動産差押えを申し立てます。


不動産差押えの申立て後、債務者に「不動産競売開始決定」という裁判所からの通知書が届きます。「担保権の実行により、不動産の差押えが開始されます」というお知らせです。これが届くと、数か月後に競売により自宅を手放すことになります。競売を申し立てた後でも、債権者は裁判所に対して競売開始日の前日までは、競売手続きを取り下げることができます。

ここで注意したいことがあります。債務者が任意売却を希望しても、競売の取り下げに応じない、つまり任意売却を認めない債権者もいるということです。

また、任意売却を認めたとしても競売手続きを申し立てた際にかかる諸費用を債務者に支払うよう言ってくるところもあります。さらに開札の直前は、債権者の都合で時間的に取り下げに応じられないというケースも出てきます。

その後、裁判所より、不動産の現状調査についての通知が届き、所轄の裁判所の執行官や不動産鑑定士が現状調査に来ます。自宅の外観や内部の状況を写真に撮ったり境界線を確認したり、誰が住んでいるかを聞き取ったりといった現地調査を行い、法務局や役所等の調査をし、「現況調査報告書」と「評価書」が作成されます。

現況調査報告書とは、裁判所執行官が作成する資料で、不動産占有者の状況などが分かる書類です。評価書とは、不動産鑑定士が作成する資料で、不動産の状況、競売における資産的価値が記されています。室内の写真や間取り図、使用状況、所有者から聞き取った内容などが細かく記されます。これが、競売物件の不動産的価値の根拠になります。裁判所はこの書類を元に、入札可能価額、売買基準価額を判断します。

このように競売の場合は、現状調査に行くのは裁判所執行官や不動産鑑定士で、入札参加者が現地の住宅について事前に内部を見ることはできません。入札をする場合は物件の内覧ができないため、評価書などで入札金額を決めるしかないわけです。

そのため、現状を把握できないリスクを回避するために、通常の市場価格よりもかなり低い価格で売却基準価額が設定されるのです。次章で詳しく触れますが任意売却との大きな違いの一つはこの点です。

ほぼ同時に裁判所から「配当要求終期の公告」が行われます。

競売開始決定がなされた不動産と債務者名を、裁判所にて公告し、競売を申し立てた債権者以外にも、債務者に対し債権を保有しているならば裁判所へその旨を申し出るようにと告知する手続きのことです。

競売で売却されても債権回収後に売却代金が残っていれば、裁判所が妥当と認めた債権者であれば配分を受けられる可能性があります。

ここで注意しないといけないことがあります。

「配当要求終期の公告」は裁判所に掲示されますので、それを見ることができるのは債権者だけではないということです。誰でも閲覧することができるので、思いもよらぬ連絡が入ったりもします。例えば、高利貸しや詐欺まがいの勧誘なども中にはあるようです。

現況調査から数か月後に、競売入札が行われます。入札前に、債権者の元へ「期間入札決定の通知」が届きます。これには入札の日程や期間、売却基準価額などが記されています。

裁判所は、広く競売参加者を募るため、入札検討のための資料が誰でも閲覧できるようにします。その資料が「現況調査報告書」「評価書」、そして裁判所書記官が作成した「物件明細書」です。

物件明細書は「現況調査報告書」「評価書」を元に作成されます。これらの資料は全て「不動産競売物件情報サイト」で公開されます。つまり、競売にかかった物件の住所は番地まで、さらに物件の写真も公開されてしまうのです。この公開情報から氏名などの特定も可能です。

この期間入札が始まってしまうと、任意売却ができなくなります。

入札者は期間入札の期間中（だいたい1~2週間）に、入札書を裁判所の執行官室に届けます。特別な事情がない限り、売却基準価額ではなく、買受可能価額以上の金額であれば入札に参加することができます。売却基準価額とは、裁判所が設定する競売物件の入札金額のラインであり、入札の最低ラインではありません。買受可能価額とは、売却基準価額の8割の金額で、この金額以上であれば入札参加が認められます。

開札期日に執行官は、最も高額な入札金額の申し出をした人を最高価買受申出人として認めます。

期間入札で入札者がいなかった物件は、*「特別売却」という手法によって買受人を探します。

*「特別売却」=最低入札額以上であれば、すぐさま落札できること。

# 第2章　正しい任意売却を知る

## 任意売却とは

「どうせ家がなくなるなら、競売でも任意売却でも同じだよ」とよく言われます。しかし、競売と任意売却は、全く異なります。では、どこが違うのでしょうか。

任意売却とは、住宅ローンの返済が困難になったとき、マイホームが競売になってしまう前に、住宅ローンの融資を受けている人と金融機関との合意を得て、融資の返済が困難になった不動産を売却する手続きのことです。

住宅など不動産を購入するときに、ほとんどの人は金融機関から住宅ローンなどの名目でお金を借ります。金融機関は融資の担保として、購入した不動産に抵当権などを設定します。この不動産を売るときには、抵当権などを解除(登記を抹消)してもらう必要があります。抵当権などを解除してもらうためには、融資残高を全て返済することが前提となります。住宅ローン残高よりも高く売れたら何も問題はありませんが、残高を下回る金額でしか売れないときには全額返済できません。

今後、住宅ローンを払える見込みがなかなか立たない……。

そんなとき、どうしたらいいのでしょう？

もしあなたが何らかの事情で住宅ローンなどの借入金の返済ができなくなったとき、金融機関は最終的に担保不動産を差し押さえた上で、不動産競売の申立てをします。

しかし、任意売却専門業者に任せれば、競売によって不動産が処分される前に、金融機関に任意売却による処理を認めてもらい、一般の流通市場で買い手を探すことができます。

この方法は、金融機関にとっては「競売よりも高い値段で売れるので、融資したお金が多く回収できる」というメリットがあります。そしてあなたには「不動産を手放した後の残債の返済に、柔軟に対応してもらえる」というメリットが生まれます。話し合いの結果によっては、あなたの引越し費用などを出してもらえるケースもあります。

「任意」「売却」という言葉の通り、不動産競売のように強制的な処分ではありません。

しかし、返済ができなくなってから何もしないでいると、近いうちに競売になることは避けられません。「任意売却で早めに処理する」のか、「条件の厳しい競売を待つ」のか、大切なのはあなたの意志です。

住宅ローンの支払いが遅れてきてからの流れは20～30ページで詳しく述べていきます。担保不動産競売開始決定通知が届いてからでも、任意で物件を売ることは可能ですが、この通知を受け取ってからは時間との競争になります。そのまま放っておくと、やがて「入札期日」の通知が送られてきます。この通知が届いてからあわてて任意売却で売ろうとしても、現実問題としてはかなり難しい状況と言えます。

競売や任意売却の動きを多く見てきて、私が感じるのは、2007年10月以降、住宅ローン滞納から競売までのスピードが非常に早くなってきたということです。

それまでは、競売を申し立てられてから入札まで6～7か月かかるのが通例でした。しかし、最近では、競売の申立てから3か月後には入札になってしまうケースが増えているのです。これは、サービサー（保証会社など）の債権者が、不良債権の処理を早めにしようとするためだと思われます。

すでに競売を申し立てられている場合は、従来のように時間的余裕はなく、非常に厳しい状況は避けられません。競売は、保証金の支払いなど債権者にも金銭的な負担がありますので、なるべく避けたいところです。しかし、一度競売の申立てがされれば、サービサーによっては申立ての取り下げや任意売却を認めないところもあるので、注意が必要です。

## リセットするため取るべき対処法

お金に関することは、非常にデリケートな問題です。一時期、住宅ローン地獄という言葉が一人歩きしたときがありました。住宅ローンの返済に苦しみ、誰にも相談できず、督促の電話や郵便物に怯える、まさに「地獄」のさまが、ドラマなどで安易に、大げさに扱われたことがありました。また借金ということのイメージの悪さも根強くあります。家を借金のかたに取られる、競売で家を取られた、あとは自己破産しかない、ブラックリストに載ってしまうからおしまい……。

そんなことばかりがくるくると頭の中で回っていては、夜も眠れず、心の病にかかってしまいます。あなただけでなく、その姿を見る家族にとっても、先の見えない暗い毎日になっています。

会社の倒産やリストラで、ローンの返済が困難になった人、借金返済のため不動産を売りに出しているが売れないという人、「残債が残るので売却できない」と不動産業者に言われた人、金融機関から督促状や催告書が届いた人、競売開始決定通知書が届いた人は、まずは任意売却専門業者に早めに相談しましょう。状況を詳しく聞いた上で「どのように解決するのが良いか」をアドバイスしてくれます。

具体的には、まず「家を手放すのか」または「どうしても家を手放したくないのか」の判断をしなくてはなりません。

また「住宅ローンの期間延長、条件変更などのリスケジュールによって、とりあえずの対策をし、問題解決を先送りしてしのぐ」のか、「任意売却をして債務の整理や縮小をし、再出発に備える」のがいいのかについても考えなくてはいけません。

避けなくてはいけないのが、住宅ローンの返済を何とかしようと、クレジットカードのキャッシングや消費者金融などでお金を借りてしまうことです。住宅ローン返済のための借り入れは、生活をさらに圧迫するだけです。住宅ローンの返済に悩み始めたとき少しでも早く相談することが、解決への糸口となります。

あわてないで、一つ一つ状況を解決に向けて整理していくことが大事です。一度冷静になって状況を確認し、道筋を立てていきましょう。複数ある選択肢の中から、最善の方法を選んでください。ただし、選ぶのはあなたです。

任意売却に長く関わってきた私が、心に留めていることがあります。

「最高はないと受け止め、ぼちぼちを目指す」
「最悪にはならない。ぼちぼちに持っていく」

今、抱いておられる不安な気持ち、どん底な心より、悪いことなんてありません。

どうぞ一緒に「ぼちぼち」を目指しましょう。
必ず、今よりよくなります。あなたは必ずリセットできます。

## 任意売却への入り口

まずは、任意売却専門業者に相談するところから始まります。弊社を含め、多くのところが「相談無料」だと思いますが、まず確認をされるといいかと思います。

弊社では、図のような「初回面談シート」を作成しながら、お話を聞いていきます。あなたやご家族の方のご意見を最優先し、その中で的確な解決方法を見つけていきます。どうか冷静になり、落ち着いて、しっかりと面談シートに沿って頭の中を整理してみてください。きっと何かが見えてくるはずです。

### ①債務状況について

住宅ローンの滞納をしているのか、滞納はいつからなのか、家を差押えされているか、という点が大切です。

## 初回面談シート

お客様のお名前：

お客様のご住所：

ご自宅のTEL：

携帯電話番号：

メールアドレス：

この度はお問い合わせいただきありがとうございます。
下の質問にお答えいただきますようご理解ご協力をお願いいたします。

■所有者様のご氏名：　　　　様　　　　様

■連帯保証人のご氏名：　　　　様　※いらっしゃる場合はご記入下さい。

■金融機関名：

■当初の住宅ローン金額：　　　万円　■住宅ローンの金利　　　％

■住宅ローン以外の借入金はございますか：（　あり　なし　）

"あり"の方は何社にいくらございますか（　　社　　　円）

■居住年数：　　年　　月

■月々のご返済額：　　　円　ボーナス時　　　円

■現在のローン残高：　　　円　※おわかりになる範囲で

■現在の滞納月数または金額：（　　ヶ月　　　円）

■固定資産税の滞納はございますか：（　あり　なし　）

■管理費・修繕積立金の滞納はございますか：（　あり　なし　）※マンションにお住まいの方です。

■今のお住まいを査定または売却の依頼を不動産会社等々にされたことはございますか：（　あり　なし　）

■今回のことを弁護士または司法書士などにご相談されていますか：（　はい　いいえ　）

■特に詳しくお知りになりたいことはございますか：（左の（　）内に○印をご記入ください）

（　）ご自宅の売却可能額を知りたい。

（　）任意売却後のアフターサービス（任意売却後の残債について、引っ越し費用または引っ越し先について　etc.）

（　）このまま今の住居に住み続ける方法を知りたい。

（　）競売のメリットまたはデメリットについて知りたい。

■その他ご希望等がございましたら、ご記入ください。

住宅ローンの返済ができず3か月が経つと、まず金融機関などから「期限の利益の喪失」を予告する文書が送られてきます。

「期限の利益」とは、22ページにも書きましたが「ちゃんと契約通り返済していれば、一括返済を求められることがない」という利益のことです。返済が滞るなどして契約通りいかなくなると、その利益はなくなります。これが期限の利益の喪失です。

また、不動産に担保を設定登記した債権者が何社あるかも把握します。抵当権等が設定されたままの不動産を買う人はいないからです。何らかの権利が設定されているとしたら、債権者と権利抹消の交渉をしなければなりません。最も新しい「登記事項証明書」などで確認をするようにしましょう。

## ②住宅ローン以外の借入金について

消費者金融など、いわゆる無担保ローンの債権者は、不動産を担保とする債権者より、借入金の取り立てや督促が厳しいものです。住宅ローンの返済と重なって精神的ダメージが大きいことが予想されます。まずは、何社からいくらの借入金があるのかを確認し、厳しい返済督促の状況などにも対策をとっていきます。この場合は、弁護士などが窓口となります。

### ③ 税金などについて滞納があるかどうか

住民税、国民健康保険、固定資産税、都市計画税などに滞納がないかも大切です。

通常、住宅ローンの返済が滞ると、固定資産税などの納付も延滞していることが多いです。固定資産税はその年の1月時点での所有者に、5月頃、納付書にて請求されます。それを納めなかった場合は、売却後であっても、元の所有者のところに請求があります。それは、たとえ自己破産をしても消えません。2年くらい滞納をしていると、市町村から差押えが入ります。そうなると、その差押えを解いてもらわないと、売却することができません。そのときの市町村との交渉も任意売却専門業者の仕事になるのですが、いくら納めれば差押えを解いてくれるのか、市町村によって全く扱いが異なります。滞納額にもよりますが、まずは、延滞金を納めることで交渉の場についてもらえるようにします。

その金額分は、売却額の中から一部支払いたいと債権者に交渉するわけですが、もちろん全額は無理です。私の経験からいって、認められるのは滞納額の1割くらいまでです。

あまりに固定資産税の滞納額が多く、差押えも入っている場合は、任意売却成功のハードルが上がる、ということを覚えておいてください。

納税は国民の義務です。極端な話ですが、住宅ローンを滞納しても、固定資産税を納める努力をし、滞納しないことが大切です。固定資産税を納めてさえいれば、住宅ローンの滞納による任意売却は、より取り組みやすくなります。

しかし、債権者の督促や取り立てに、ついそれらの支払いを優先させ、固定資産税等の納付を怠るケースが非常に多いです。固定資産税の延滞税が非常に高いことも知っておきましょう。

固定資産税の納付を怠り、差押え通知が来たら、市町村役場にて誠意ある対応をすることをおすすめします。一番いけないのは、放置することです。返済計画書を作成し、差押えを取り消してもらいましょう。それが任意売却の成功のポイントでもあります。

## ④管理費や修繕費の滞納について

管理費や修繕積立金などを滞納した区分所有マンションを買った人は、滞納費用についても引き継がないといけません。管理費、修膳積立金に関しては、所有者が変わった時点で、滞納金も含め、次の所有者に支払い義務が移る、と管理規約に記載されています。

したがって、債権者はマンション管理費や修繕積立金の滞納分を抹消しなければ不動産を売却できませんから、売却金額からの控除を認めるケースが多いです。ただし、駐車場代やバイク・自転車置場、水道料金などは支払われません。

延滞金に対する遅延損害金も支払われませんが、マンション会社により免除されるケースもあります。

### ⑤物件の状況について

物件の概要（所在地や使用状況）とともに、現在誰が占有（使用）しているのか、どんな家族構成なのか、他人に賃借しているのかなどを確認します。所有者ではなく、賃借人が住んでいる場合、賃貸借期間や賃料、敷金、更新状況などの内容を把握します。例えば、すでに離婚した妻とその家族が住んでいる場合など、ともすれば交渉が難航しそうな場合もあります。

### ⑥ご依頼人であるあなたの状況について

不動産の所有権がどなたにあるのか、確認します。共有者がいるのか、単独の所有者であるのかは重要です。任意売却を行う際に、所有者全員の売却の承諾が必要であるということは必ず覚えておいてください。また、不動産の連帯保証人についても忘れてはなりません。

以上のようなことを一つ一つ、確認・整理し、ひも解いていきましょう。そして、その中でどのような選択があるのかを探ります。あなたが取るべき行動が、だんだん分かってこられたことと思います。

まずは冷静に、落ち着いて、できるだけ良い形へ向かいましょう。

## 任意売却について、よくある3つの質問

「まちの不動産屋さんと任意売却専門業者はどう違うのですか」

「任意売却専門業者と弁護士、どう違うのですか」

「ネットによく出てくる、任意売却のポータルサイトとの違いは」

これらの質問は、本当に多いです。

とても大事な内容ですので、それぞれの役目も一緒に説明したいと思います。

### ①よく見かけるまちの不動産業者と、任意売却専門業者と、どう違うのですか

まず、任意売却専門業者は不動産を扱う会社でもありますから、販売活動の内容そのものには大差ありません。買い主を見つけるための売却活動においては、通常の不動産業者も同様に行うはずです。

無料面談、金融機関との交渉、滞納税金のご相談、ご自宅の査定ののち、販売活動、

契約手続きという流れで任意売却の成功を目指します。

その中で、通常の不動産業者と任意売却専門業者とでは、債権者との交渉において大きな違い、任意売却物件をどれくらい扱ってきたのかなど経験の差が出てきます。

まちの不動産業者は大手も含め、任意売却の案件を扱ったことのない営業マンがほとんどです。そのため、任意売却でとても重要な、債権者との交渉の経験がない、またはとても少ないのです。

任意売却専門の業者にしてみれば、特に高い障壁があるでもない案件でも、債権者とスムーズな交渉ができずに、結局競売になってしまったとの話もよく耳にします。

複数の債権者がいたり、市税などの差押えもついているときなどは、なおさらだと思います。そういう点で、やはり任意売却の案件を専門にしている業者が良いと言えるでしょう。

## ②弁護士とどう違うか?

住宅ローンの返済に困ると、皆さんがまず真っ先に相談される先は、弁護士ではないでしょうか。弊社に来られるお客さまのほとんどは、まずは弁護士と話をし、自己破産を強く勧められ、悩んだ末にやって来られる方が多いように思います。

弁護士の中には、親切で良い先生もたくさんいらっしゃるのですが、あまり親身になってくれなかったり上から目線で対応をしたりという人も多いようです。ある弁護士事務所は、自己破産の手続きも事務的で、全てネット上で行うそうです。対応は事務員に任せきりで、一度も弁護士と顔を合わせることがなかったとか……。

しかし、弁護士があなたの力になってくれない、というわけではありません。弊社でも、サポートパートナーとして弁護士事務所と連携しています。弁護士にしか相談できないこともあるのです。そういうアドバイスができるのも任意売却専門業者の特長です。

任意売却の場合、ただ家を売って終わりではありません。売却後の残債やお引越し費用など、リセットされるお客様をサポートするのも任意売却専門業者なのです。

最近ネットを見ると行政書士や司法書士事務所による「任意売却なら当事務所へ！」という広告が増えています。

任意売却の仕事は抵当権がついているご自宅等を、残債を残したまま売却することです。まず一つ目の仕事は、ご自宅の査定をし、債権者に、「いくら位なら売却ができるので抵当権を外してくれ」と交渉することです。

市税等の差押えがある場合は市町村の担当者に交渉に行きます。その後売却額が決まりましたら、ご自宅の売却活動に移ります。お客様の希望により、一般の方になるべく高く売る努力をしたり、業者に買い取ってもらったり、投資家を探し、賃貸としてそのままお住まいになるお手伝いをしたりと、売り方はさまざまです。つまり、自己破産をしない限り、法律専門家の出番はないはずなのです。

では、サイト上で任意売却を募集している法律事務所はどうするのか、といいますと、提携の不動産業者に仕事を振るわけです。法律事務所としては、任意売却がきっかけで、自己破産の仕事が取れたら、というのが本音かもしれません。

また、不動産業者と法律専門家が組んでサイトを作っている場合も多いようです。しかし、「何度も同じ説明をさせられた」「紹介の業者があまりにも事務的だった」といった声をよく聞きます。当然、引越し費用のねん出などに柔軟に対応してくれる業者は少ないようです。法律専門家は大抵の場合、売却をするのなら、自己破産を勧めてきます。自己破産は一つの手段であり、任意売却をしたから必ずしなくてはならないことではありません。

## ③「任意売却」ポータルサイトとどう違うのですか

最近は、ネットで情報が何でも入る時代です。「任意売却」と打って検索すれば、ずらりとさまざまなサイトが出てきます。

中でも、ポータルサイトが数多く見られます。ポータルサイトとは、お客を集めて、提携業者に仕事を振るサイトのことです。

「全国対応任意売却○○」などは、ほぼポータルサイトでしょう。

弊社へ来られるお客様からは、「以前、任意売却○○（ポータルサイト）に相談をしたらその後、まったく別の会社から連絡がきて、とても不安になった」というお話もうかがいます。

ポータルサイトに名を連ねる提携業者でも、一般的な不動産業者は、任意売却の経験がないところが大半です。

情報のあふれる現代社会では、ウェブサイトは便利で、欲しい情報が素早く手に入ります。その中で、正しく良い情報を取捨選択することが難しくなっているのは事実です。ウェブサイト上で選ぶ場合は、「任意売却の専門業者であるか」「不動産協会に加盟しているか」「宅建番号の有無」「代表者の経歴」が一つの目安です。サイト内のブログや成約事例なども読んでみると、会社やスタッフの印象が少し分かるかもしれません。

はじめの一歩として、「初回面談時の業者選びのポイント」を5つ挙げてみましたので参考にしてみてください。

初回面談時の業者選びのポイント

Check ！

＊お客様の話を良く聞き、良いことも悪いことも話してくれる
＊お客様の家の相場を、近隣の成約事例なども見せ、詳しく説明してくれる
＊ご相談から売却までの流れを、分かりやすく説明してくれる
＊事務所がきれいで営業マンも清潔感がある
＊任意売却後のことまで相談に乗ってくれる

一つでも右に当てはまらないことがあったら、他社も当たってみるべきです。営業マンに言われるままに任せてしまうと、相手の都合の良い方へ進められてしまうかもしれません。親切な、良い会社もたくさんありますが、他社に一度依頼をして、途中で弊社へ乗り換えてくださる方が増えているので書かせていただきました。

そもそもその土地の不動産の動きについては、地元を良く知る業者でないと把握できません。地場に精通していない業者が「全国対応」を掲げ、どんな対応ができるのかは大きな疑問です。任意売却は専門業者に、中でもお客様の立場に立って誠心誠意

対応してくれる業者を選ぶことが大事です。最終的に任意売却を任せられる業者のポイントを60ページに記しています。

## 任意売却っていくらかかるの？

任意売却を考えるに当たって、「それはいくらくらい必要なの？」「そのお金が用意できないと任意売却できないの」という質問をよく受けます。

ここでは、任意売却にかかる費用について詳しく説明します。

任意売却は、不動産業者の専門業務として行います。よって通常の不動産物件と同じく売買契約が成立した際には、成功報酬として仲介手数料が必要となります。


**仲介手数料＝売買価格の3％＋60、000円＋消費税が上限**

例：あなたの不動産が2、000万円で売れた場合、3％＋60、000円＋消費税
仲介手数料は712、800円（諸費税8％を含む）

しかし、この仲介手数料は、通常の不動産物件の売買契約仲介手数料と全く同額で、

かつ債権者が受け取る売買代金の中から相殺されます。したがって、任意売却物件の所有者である方が費用を負担することはありません。この仲介手数料については、あなたと任意売却を行う不動産業者とで結ぶ*専任媒介契約書にきちんと明記します。これ以上の手数料や報酬などの費用をあなたに請求することはありません。

MEMO

*専任媒介契約とは、不動産売買や賃借を不動産業者に依頼するときに結ぶ契約のひとつです。依頼者が、他の宅建業者に重ねて媒介や代理を依頼することを禁じるという目的があります。契約の期間は3か月を超えることはできません。依頼者から申し出があって更新したときも、期間は同じです。依頼者に2週間に1回以上、業務処理状況を、文書か口頭で報告しなければなりませんし、7日以内に該当物件を指定流通機構に登録しないといけません。

一部の任意売却業者の中には「任意売却促進負担金」「販売活動費」「広告費」「相談料」「顧問料」「カウンセリング料」などを請求する会社もありますので、必ず事前に確認をしてください。

ただし、手続きのために必要な住民票や印鑑証明などの取得費用（数百円程度）や、書類の郵送料などの経費は必要です。

引越し費用は、債権者交渉により債権者がねん出いたします。ここが競売と大きく違う点です。また、ごくまれですが、新居を借りる費用も、任意売却によりねん出できる場合があります。


所有者が滞納したマンションの管理費や、修繕積立金などについても、原則として債権者より売買代金の中から支払われます。ここで新たに費用の負担を求められることはありません。

ただし管理費や修繕積立金の滞納額が大きい場合には、取り扱いが変わることもありますのでご注意ください。また、税金の滞納分についても、管轄する役所により取り扱いが異なることもありますので、確認が必要です。

残債額が売却可能額よりかなり上回りそうなとき、住宅ローン以外の借り入れが多く残っている場合、固定資産税の滞納や、マンションの管理費の滞納などについてなど、意売却事専門業者で最善の対処法が示されるはずです。いずれにしても早い相談をし、早い決断、そして早い対応をすることが大切なのです。

## 今の家に住み続けたい場合

住宅ローンの返済は難しくなってきて、今後も改善されそうにありません。しかし、どうしてもこのまま自宅に住み続けたい場合どうしたらいいのか、2つの方法をご紹介します。

### 【その1】買い戻し

―予期せぬ出来事や、想像しない事態が起こってしまい、払っていけるはずだった住宅ローンの返済が滞ってしまった。このままだと、競売により家を手放すことになってしまう。でも、せっかく苦労して手に入れたマイホームを手放したくない―

住めるものなら、何とかしてこのまま住み続けたいと思う人は多いと思います。

あちこちに思い出が染み込んだ家、長く住み慣れた環境が一変するのは、誰だって避けたいものです。その家にお子さんがいらっしゃればなおのことでしょう。友人関係や通学の問題も大きな悩みどころとなります。

今の家に住み続けながら、任意売却できる方法があります。親子や兄弟姉妹、親族など、身内に家を購入してもらう「買い戻し」という方法です。買い戻しとは、身内が任意売却の買い主としてその物件を購入し、売買契約に買い戻し特約を付け、後で買い戻すことを定めた売買契約のことです。

しかし買い戻しをしようと思っても、こういったケースでは、親子や兄弟姉妹、親族は、住宅ローンの融資を受けることが難しいのが現状です。ローン審査が通らない可能性が高いのです。したがって、購入金額の全てを現金で用意する必要がありますが、それは誰にとっても容易なことではありません。これが、非常に大きなネックとなっています。

融資が難しいとはいえ、全ての金融機関がダメだというわけではありません。ごくわずかながら、住宅ローンの融資を受けられる金融機関は存在します。ただし、購入者の年齢や収入などの属性、金利がやや高く設定されるなどの条件があります。
また、身内間で直接売買することが難しい場合に、第三者に協力してもらう方法もあります。金融機関から身内とみなされない第三者の名義にし、あとから身内が買い戻すのです。

まずは不動産業者が買い取って、そのあとに買い戻してもらうという方法もあります。身内での売買ではなく、不動産業者からの購入になるので、問題のローン審査もクリアできます。
このように、いったん第三者に入ってもらうことで、金融機関で問題なく住宅ローンを組むことができます。

**買い戻しを成功させるためにすること**

①連帯保証人や共有者の同意を得る
②身内で買い取り予定者を探し、買い取り予定者が現金で買うのか、金融機関で融資を受けるのかを確認し、資金計画を立てる

③　滞納税金について、市町村が差押えを外してくれる可能性の確認

①～③について、同意や確認ができ、身内で買い取り予定者が決まり、資金のめどが立ったとき、任意売却による買い戻しへと、話を進めていきます。

任意売却サイトを見ていると、まるで結婚式のプランを選ぶかのように「そのまま住み続ける買い戻しプラン！」などと書いてあるケースもあります。しかし、それなりの大きなハードルがあるということをよく理解しておいてください。

買い戻しの場合は、基本的にどなたかの協力が必要になります。弊社を始め、任意売却専門業者の中にはこの買い戻し、親子間売買を得意とする会社もありますので、ご相談される際にお話しになればよいかと思います。

## 【その2】家賃を払う形で暮らしを続ける「リースバック」

住宅ローンを滞納した後も、今の家に住みながら売却できる2つ目の方法が「リースバック」です。

リースバックとは、任意売却専門業者のネットワークなどを駆使し、投資家や提携企業などに物件を任意売却し、その後、賃貸借契約を結んで、賃貸物件として今の家に住み続ける方法です。

居住者（債務者）にとっては、そのまま家に住み続けられることに加え、ローン返済に頭を悩ませる心配がなくなり、引越しなども必要ありません。投資家にとっても、入居者を探す手間がなく、家賃収入がすぐに見込めるなど、双方にとってメリットがあります。ですが、残債額や債権者の意向によりますが、実際は住宅ローンで支払っていた金額より家賃の方が高くなるケースが多く見受けられ、ややハードルが高いことも事実です。

なぜそうなるのか、少し説明しましょう。リースバックは、「いくらで任意売却できるのか」（債権者が同意するのか）にかかってきます。その金額で投資家に売却をし、利回り10％くらいの家賃を払えるのでしたら、賃貸として住み続けられる、ということです。10％ということは、１、０００万円で売却したとして、家賃約８万円。２、０００万円で売却したなら16万円です。

結局、今までの住宅ローンのほうが安い……というケースがほとんどなのです。

ただし、1年後くらいには現金が用意でき、それまでの間だけ賃貸として住み続け、その後買い戻したいといった理由がある人にとっては、良い方法だと言えます。

## 業者選び　その前に大事なこと

業者選びの前に、とても大事なことがあります。あなたの意志です。要望を、ある程度はっきりさせましょう。もちろん、これはあなた自身やご家族がお決めになることです。任意売却専門業者が強要したり、決めつけたりするものではありません。

決断をするのはあなたです。

例えば、これらの質問に、明確な答えが出せますか？

□家を売ってもいいと思いますか？
□それとも、家を残したいですか？
□なるべく長く、今の家に住み続けたいですか？

□早く引越しをしたいですか？
□賃貸になっても、今の家に住み続けたいですか？
□なるべく高く売り、残債を減らしたいですか？
□残債のことよりも、なるべく多くの資金を手元に残したいですか？

答えが出ましたら、次は業者選びです。まずは、あなたの今の胸の中にある、次のような疑問をぶつけて、その対応から判断してみてはどうでしょう。はっきりとした答えを出してくれる業者は「合格」だと思います。何となく頼りなかったり、はぐらかすような返答をしたり、不親切な感じだったり……そんな業者はやめたほうがいいかもしれません。

□家は売れるのか？　残せるものなのか？
□長く住み続けたい。滞納した状態で、いつまでも住めるものなのか？
□そもそも、住み続けることは可能なのか？
□引越し先はどうすればよいのか？　新たに住む場所を借りることはできるのか？

その物件探しの手伝いをしてくれるのか？
□賃貸として、今の家に住み続けることは可能なのか？
□そのためには、いくらくらいの家賃が必要か？
□なるべく高く売りたいのだが、どんな売却活動をするのか？
□自己破産はするべきなのか、しなくてもよいのか？　そのメリット、デメリットは？
□そもそも自宅はいくらくらいで売れるのか？
□金融機関は多くの債務が残っても、任意売却を承諾してくれるのか？
□家族に迷惑はかからないのか？
□会社や近所には知られないか？
□任意売却後の残債はどうなるのか？

任意売却は、「人」と「人」がとても大切だと私は考えます。専門業者は、いろいろな質問に対して誠実に受け答えをし、的確なアドバイスをしていかなければなりません。とことんお客様の立場に立ち、ご要望について深く理解し、適切なアドバイスをすることが、とても大事なことだと思っています。

# 第3章　きっと再生できる！

## 競売と任意売却の比較

住宅ローンが払えなくなると、債務の一括返済を求められます。それができない場合は、競売または任意売却のどちらを選択するのかの決断を迫られることになります。ここでは、この2つの違い、双方のメリット、デメリットについてご説明します。

まず、競売とは、裁判所の指導の下、新聞や業界紙、インターネットを使って競売公告を行い、入札制度により最高価格を申し出た人にその物件を売却することです。（詳しくは26ページ～に記述しています。）

任意売却とは、「住宅ローンが払えない」「滞納している」などで、いずれ不動産が競売になってしまうことが予想される場合に、競売入札の開始前に、債権者の合意の下、不動産を任意に売却することです。（詳しくは32ページ～に記述しています。）

では競売のデメリットと、任意売却のメリットを、次の図を元に分かりやすく説明しましょう。

# 競売と任意売却の比較

## 競売って？

裁判所の指導の下、新聞や業界紙、インターネットを用いて競売公告を行い、入札制度により最高価格を申し出た人に売却することです。

## 任意売却って？

住宅ローンが払えない、滞納しているなどで、いずれ所有不動産が競売になってしまう事が予測されるような場合に、競売入札が開始される前に債権者の合意をとって任意に売却することです。

| デメリット | | メリット |
| --- | --- | --- |
| ①価格：一般の人が購入しにくい競売物件、通常取引の任意売却 | | |
| **低い価格で入札**<br>市価よりも低い価格で、入札されます。 | ▶▶ | **高い価格で売れる**<br>通常の不動産売買なので、市価に近い価格で売ることができる。<br>その分、残りの返済に多くあてることができます。 |
| ②引っ越し代：心身も経済的にも一番つらいときの引っ越し代の有無 | | |
| **資金が残らない**<br>１円たりとも残して貰えず立ち退きとなります。 | ▶▶ | **引越し代が残る**<br>債権者との交渉により資金を残すことができます。<br>引っ越しの時期も考慮してもらえます。 |
| ③プライバシー：近隣に知られてしまう可能性の有無 | | |
| **情報を守れない**<br>競売情報のチラシをご近所に配る業者もいます。<br>隠しておくことができません。 | ▶▶ | **プライバシー保護**<br>通常の不動産売買と同じなので、ご近所に事情を知られることはありません。 |
| ④立ち退く？　住み続けられる？ | | |
| **直ちに立ち退き**<br>顔も知らない第三者が入札するので、直ちに立ち退きを要求されます。 | ▶▶ | **住みながら解決**<br>身内などの協力により、引越しせずにそのまま解決することも可能です。 |

① 価格

## 一般の人が購入しにくい競売物件、通常取引の任意売却

競売の基準価格は、不動産鑑定士が評価する「基礎となる価格」のおよそ6割です。競売物件の内覧はできませんので、知識のない一般の人の落札は難しく、不動産業者が落札するケースが多くなります。

一方、任意売却物件は、競売と違い、物件の内覧が可能です。よって購入できる人も増えるので、その競争原理で市価に近い価格で売ることができます。要するに、任意売却は競売より高い金額で売却されるケースがほとんどなので、多くの債権が回収でき、その分残債の返済に充てることができます。

競売後の残債の取り立ては厳しいですが、任意売却の場合、残債の支払いについても相談や交渉によって、少額（5、000円~3万円程度）の分割払いを認めてくれるケースが増えます。

②引越し代

**心身も経済的にも一番つらいときの引越し代の有無**

競売では、短期間に強制執行できるため、引越し代が支払われないケースがほとんどです。一方、任意売却は所有者の任意で明け渡すことになるため、任意売却の成立のために、債権者が引越し代を認めるケースが多いのです。

また、強制立ち退きとなる競売と違い、任意売却では引越し時期など、事情を考慮して融通を利かせてくれます。競売のように強制立ち退きとなることはありません。

③プライバシー

**近隣に知られてしまう可能性の有無**

競売では、住宅ローンが破たんし自宅が競売にかけられていることが、新聞やインターネットなどで世間に知れ渡ってしまいます。競売物件は内覧ができないため、入札者が近隣に状況を尋ねることもあるので、近隣に競売が知られてしまう可能性が高くなります。

任意売却はいわば、通常の不動産売買と同じ流れで売却されますので、プライバシーが守られ、家族のストレスが少ないという大きなメリットがあります。

④立ち退く？　住み続けられる？

競売後は、ただちに立ち退きを要求されます。任意売却をした場合、引越しをすることなく、家を賃借しそのまま住み続ける「リースバック」や「買い戻し」という方法もあります。以前と変わらず生活でき、あとで買い戻せる可能性もあります。（55ページ～参照）

私の経験では、以上のメリット・デメリットに加えて、「ご自身の意志で」というのが非常に大きいように感じています。

例えば、競売で家を手放すと「家を取られた」「強制的に退去させられた」と思ってしまい、気持ちが落ち込み、ダメージを受けられるのではないでしょうか。

しかし、任意売却は、ご自身の意志で自宅を売却し、全てをリセットしての引越しです。きっと前向きに新たなスタートが切れると思います。

ご縁のあったお客様から、お取引終了後も連絡をいただくことが多いです。近況をお聞きすると、やはり任意売却でリセットされた方は、順調に新たな生活を築いておられるようです。

## 任意売却　選んでいい業者、ダメな業者

任意売却を扱うことができる業者はたくさんあります。ネットなどの情報を見ると業者の数が多過ぎて、最終的にどのような基準で選んだら良いのか分かりません。

「任意売却を成功させるポイントは、業者選び」と言っても過言ではありません。

まず大事なのは「お客様の立場に立って任意売却を進めることができる業者を選ぶこと」ですが、それと共に債権者（金融機関）との交渉力や、一般消費者や投資家への売却力など、不動産業者としての力量いかんで任意売却が成功するか否かが決まります。

例えば、債権者が1社ではなく、2社、3社といて、固定資産税などの滞納による

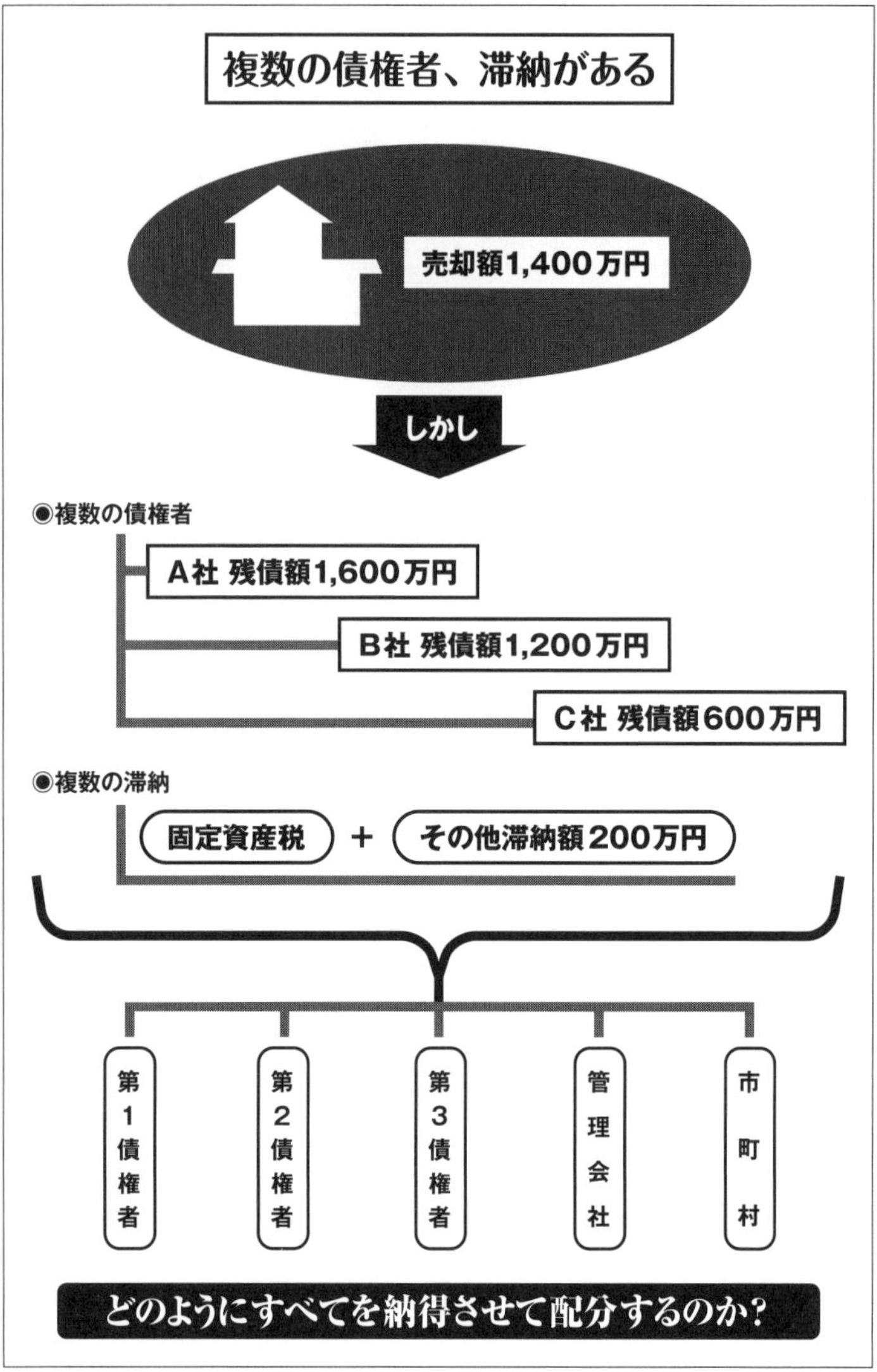
複数の債権者、滞納がある
売却額1,400万円
しかし
◉複数の債権者
A社 残債額1,600万円
B社 残債額1,200万円
C社 残債額600万円
◉複数の滞納
固定資産税
＋
その他滞納額200万円
第1債権者
第2債権者
第3債権者
管理会社
市町村
どのようにすべてを納得させて配分するのか？

差押えもある場合で説明をしましょう。１番抵当権者の残債額が１、６００万円、２番抵当権者が１、２００万円、３番抵当権者が６００万円。物件の売却額が１、４００万円。

ここで、どのように各方面を納得させて、どう配分するのかが問題になります。

前述のようなケースでは、任意売却に不慣れな業者は、経験豊富な業者にヘルプを求めることも多くあります。こういった複雑な案件は、経験と知識が必要だからです。一つ順番を間違えると、全てがうまくいかなくなる、ということもあります。

また、配分交渉などがうまくいっても、いざ売却となると、また問題があります。一般消費者への売却知識をほとんど持たず、同業者へ買い取らせるのみ、という業者もあります。

ここ最近任意売却の案件が増え、業者の買い取り価格では、債権者が抵当権の抹消に応じないというケースも多くなってきました。

やはり、任意売却を成功させるためには、一般消費者への売却力が不可欠なのです。

具体的には、まず物件依頼を受け、売り出し値が決まると、数万枚ものチラシを作成し配布します。もちろん、お客様の許可をいただいてからですが、地味なようで、実は一番売却につながる方法です。

また、どれくらいの数の協力会社と連携して売り出せるのかもポイントです。投資目的で不動産を探している人もたくさんいますので、投資用としてあなたの自宅を購入してもらい、そのまま賃貸として住むという提案も可能なのが任意売却なのです。

専門業者といいながら、任意売却について不慣れな業者もいることでしょう。

個人や少人数で店舗を構えず勧誘している者や、宅地建物取引業の許可も持たず名前だけ不動産会社に所属という形にしているブローカーのような者もいます。

不動産会社の名で契約し、成立したときの手数料を一部不動産会社に払うという形だと思います。

任意売却の成功率を考えますと、ちゃんと自社で販路や充実した販売力を持ち、情報誌やチラシ折込、各家へのポスティングなど積極的な売却活動を行う業者を選ぶべきです。

任意売却そのものは急激に変化をしてきています。

実は、5年くらい前までは、多くの金融機関では任意売却に応じてくれる金額基準がかなりアバウトでした。

例えば、残債3、000万円、相場2、500万円くらいの戸建ての任意売却物件のケースで、1、800万円くらいの査定書を作れば通ることも多々ありました。分かりやすく言えば、その任意売却物件を1、800万円で業者が買い取りをし、その後一般市場へ再販売をする、ということができたわけです。いわゆる転売です。

そのため、今まで不動産の買い取りや、競売の入札をメインで行ってきた業者が、こぞって任意売却市場へ参入してきました。

しかし、時が流れ債権者である金融機関もそのことを分かってきて、なかなか業者間での買い取り値では任意売却に対する承認が下りなくなってきた、というのが現状です。つまり、相場の価格でないと任意売却に応じてくれない、これまでのような業者間の買い取り価格ではなく、エンドユーザーが購入するぐらいの価格でしか承認しないようになってきたのです。

このように環境は変わってきているにもかかわらず、5年以上前の感覚でホームページを作っていたり、ポータルサイトに加盟したりしている会社がたくさん存在します。その業者の多くは、業者間での転売が難しい、要するに自社での買い取りが難しいと分かったら、あっさりと手を放してしまうわけです。

残された依頼者は途方に暮れるばかり……。

そういった意味で、選ぶべき任意売却専門業者は、債権者が相場価格でしか受け付けてくれなくても最後までフォローしてくれる業者、すなわち一般市場にいるエンドユーザーにあらゆる方法で売却活動ができる業者なのです。

## 任意売却ができないケースとは

任意売却について説明してきましたが、成立させるためには条件があります。

債権者が任意売却を認めないケースもあるので、以下の内容も忘れてはなりません。

①いくら周囲や家族が任意売却を勧めても、不動産の所有者が任意売却を望まない場合は、当然任意売却は成り立ちません。

②債務者の意思確認がさまざまな理由でできないケースも任意売却はできません。

③不動産の名義が複数人いる場合、全員の許可が得られないと任意売却ができません。共有者全員の意志が一致していることが必須条件です。

④保証会社以外の連帯保証人にも、任意売却の承諾が必要という債権者もいます。保証人や連帯保証人、連帯債務者の承諾が得られないと、任意売却ができない可能性があります。

⑤債務者の行方が不明の場合の任意売却も困難です。家庭裁判所で、不在者財産管理選任の申立てを行えば、任意売却できる場合もありますが、現実には相当時間がかかり難しいです。

## 任意売却 その後は？

この章では、任意売却をした後のことをお伝えいたします。
まず、あなたはなぜ任意売却を選んだのでしょう。
多くの場合、それは「再生するため」「リセットするため」です。
言い換えれば、任意売却はそのためのきっかけ、出発点に過ぎないとも言えます。
例外を除けば、任意売却をしたあとは、別の住まいを借りることになります。

また、任意売却をしてもなお、債務が残る場合はどうしたらいいのでしょう。
「任意売却をしたあとのお金と住まい」、この2つはとても大切なことです。
このような不安や心配について、ひも解いてまいりましょう。

### ■任意売却にかかる費用

任意売却のご相談やご依頼時から、任意売却完了まで、売り主の持ち出し費用はかかりません。全て無料です。必要な経費は、不動産の売却代金の中から配分されるからです。これは、依頼者にとって、大きなメリットです。

図にあるように、任意売却の成立による売却代金の中からローン返済分を充当し、抵当権の抹消登記費用、滞納している固定資産税や住民税、マンション管理費や修繕積立金、不動産の仲介手数料なども配分されます。

競売では、引越し代が支払われないケースが多いのですが、任意売却では債権者が売却代金から引越し代を配分

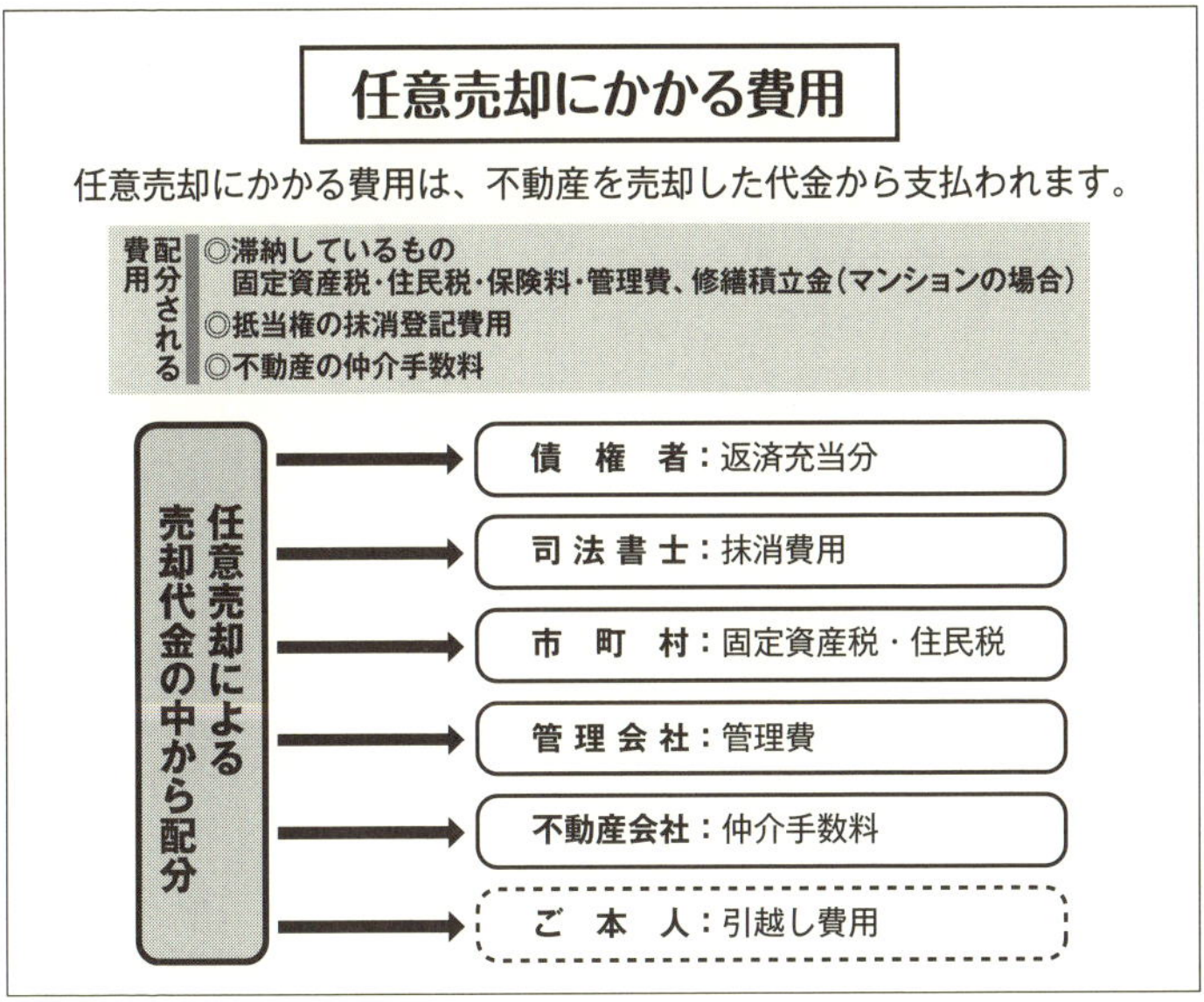

してくれることもあります。

また、マンション管理費や修繕積立金、滞納した税金なども清算することが可能です。滞納額にもよりますが、良心的に話し合いに応じてもらえます。再出発への負担が少なくなり、新たな気持ちで新生活をスタートしていただけます。

また、万が一、任意売却が成立しなかった場合にも、当然ですが費用は発生しません。

一方、競売の場合は、引越し費用は自己負担で、退去命令により強制的に退去させられます。

この「引越し代」について、私の経験をご紹介します。

例えば「任意売却が成功すれば、引越し費用として200万円払います」などと、具体的に高額の引越し費用を確約する不動産業者が増えているそうです。安易に「引越し費用をお渡し」などとホームページやダイレクトメールに書かれている業者には、気を付けたほうがいいと思います。

任意売却専門業者にとっても「依頼者様へ引越し費用をより多く残す」という点が

とても大切です。任意売却は、物件、残債額、債権者によりうまくいくかどうかが決まるものです。

そういう意味でも、ご相談を受ける前から引越し費用として残せる金額を明確にするのは、任意売却を熟知しているとは思えません。興味を引くためだけの、中身のない宣伝文句と言ってもいいと思います。

## ■「次の住まい」について

次に、リセット後の生活において最も大切な「次の住まい」について考えてみましょう。

中には、ご実家に身を寄せられるなど行き先が決まっている方、リースバックや買い戻し（55ページ～参照）で今の家に賃貸として住み続ける方もおられます。

しかし、そのような方はごくわずかで、大半の方は次の住まいについて「良い物件が見つかるだろうか」「審査で断られないか」ということをとても不安に感じておられます。

任意売却をしたことは、賃貸の審査に影響ありません。多くの物件は賃貸保証会社の審査を受けるのですが、その審査は賃貸保証会社独自のものなのです。ほとんどの賃貸物件はカードローンや住宅ローンの履歴など、いわゆる個人情報機関（CICなど）の個人情報は参考にしません。

それでも、多くの物件では保証人が必要になります。「保証人がどうしてもいない」という場合は、保証会社に登録をして保証料を支払えば不要になるケースもあります。

保証人、仲介手数料などが不要、初期投資家賃の3か月分（敷金）だけで済む*UR住宅をご紹介することもよくあります。UR住宅の場合、会社勤めをされている方はどなたでも入居できます。室内はフルリフォームされており、家賃も比較的安くなっています。

*UR住宅＝都市再生機構が管理する賃貸住宅（旧公団住宅）

「次の住まい」については、人生のリセットを目指す方が一番気になる事です。任意売却後のお部屋探し、引越し先の手配、引越し・ゴミ処分業者の手配、不要になった家具・家電の売却、債権者との残債返済計画の交渉、司法書士・弁護士の紹介等、売却後の新生活を全面的にサポートしてくれる業者もあります。

「任意売却のメリット」（第3章／66ページ～）にも書きましたが、任意売却のメリットとして、手元に資金が残る可能性が挙げられます。売却代金からの配分ですから、残債は増えることになるのですが、精神的にも経済的にも厳しい状況に置かれているお客様に、数十万円でも引越し代を手にしていただけるかもしれません。

「任意売却をすれば、必ず引越し代が出る」と確約されたものでも、法的に決まっているものではなく、債権者との交渉次第になるのですが、交渉能力のある任意売却専門業者なら解決策はきっと見つかるはずです。

## ■残債について

任意売却後の残った債務についても、とても気になる点です。

任意売却では、物件の売却代金はローン残高より低いことがほとんどです。しかし、競売での基準価格は、不動産鑑定士の評価額の約6割、一般市場で売買する任意売却では、一般の相場により近い価格で売却することができます。したがって、任意売却では競売より高い値段で売却されるケースが多いため、債権者はより多くの債権を回収できます。債務者であるあなたにとっても、債務減になります。

残債は、債権者と相談の上で分割返済にしてもらうことが可能です。一番気になる月々の返済額も、「可能な範囲でよい」というケースが少なくありません。

多くの場合、毎月5、000円~3万円といった範囲の返済で済みます。ある程度返済すれば、例えば「あと××万円で終わりにしてもいい」「あと××万円で残債はゼロにする」といった和解案をサービサー（債権回収会社）から提示され、債務者の残債がゼロになることもあります。この場合の提示額は、残債のおよそ1割程度が多いようです。

任意売却を選択すれば、一生借金を抱えるという精神的な負担がなくなるかもしれないのです。

## ■残債が払えない場合

こういった中でもなお残債がどうしても払えない場合、自己破産という選択肢があります。

自己破産の手続きは、弁護士の業務となりますが、客観的な意見を法律のプロである弁護士に求めることは、もちろん適切な一つの判断材料になります。

ただし弁護士にもいろいろなタイプがおり、不動産に決して強くない弁護士もいることを理解してください。多くの場合、弁護士に相談に行くと、自宅を失ってもいいのなら「自己破産」を提案される傾向が強いようです。自己破産自体は、生活必需品を除く20万円以上の財産の処分や、自己破産後5～7年は新たにローンを組むことができないなどのデメリットはありますが、世間で思われているほどのダメージはありません。

自己破産をひとつの選択肢と捉えることは、決して間違ったことではありませんが、実はそのタイミングが大変重要になってきます。

## ■自己破産と任意売却のタイミング

家を持ったまま自己破産すると、多くの場合は管財人が付く「管財事件」（住宅を持って自己破産する場合）として扱われ、破産費用なども発生します。家を処分する権限はすべて管財人（財産を売却・換金して債権者に分配する人）に移り、売却に関しても管財人の提携業者に依頼する形になり、こちらの希望や引越し費用などは一切考慮されません。

これに対して、任意売却を行ったあとに自己破産すると、家以外の財産の有無にもよりますが「同時廃止」（住宅を持たず自己破産する場合）として扱われ、この場合は管財人が付くこともないので、今、置かれている状況や今後の生活を視野に入れた最善の選択をすることができるのです。

住宅ローン以外にも借金がある場合や借入額が大きい場合などは、即自己破産という選択肢も考えられなくありませんが、任意売却後の自己破産が、人生のリセット、再生には有効なケースがほとんどです。

自己破産だけを急いで行うことは最善の策にならない場合が多いのです。

弊社を始め経験豊富な任意売却専門業者では、このような適切なアドバイスをするはずです。

そのあとは、専門業者と連携している弁護士や税理士などのフォローの下、新しいスタートを切っていただきたく思います。

# 第4章　離婚のケースなど30実例から学ぶ

## みんなはどのようにリセットしたのか？

住宅ローン返済でお悩みの方は、さまざまな事情を抱えておられます。その中には、離婚された方や、離婚を考えておられる方も少なくありません。裁判や調停、財産分与、子どもの親権問題など……。離婚には、心理的にも肉体的にも、さまざまな負担があります。そしてそこに住宅ローンの返済が残っている場合は、問題がさらに大きくなります。

### ・離婚を考えているあなたへ

「今すぐにでも離婚したい」とお考えかもしれませんが、ちょっと待ってください。正式に離婚が成立していないなら、今のうちに住宅ローン問題を解決しておくことをお勧めします。

婚姻関係が解消されると、音信不通になったり行方が分からなくなったりするケースが珍しくありません。また、居場所は分かっていても「関わりたくない」と、話し合いに応じてもらえないこともあります。そういう状態で住宅ローン問題に取り組むのは大変です。特に、夫婦共有名義で家を買った場合や、自分が連帯保証人になっている場合は要注意です。万が一、名義人である元配偶者の行方が分からなくなってしまったら、住宅ローンの返済義務は全て自分に回ってきます。任意売却しようにも、名義人がいない状態では、成功へのハードルが一気に上がってしまうのです。

離婚後のトラブルを避けるためにも、まずは早めに住宅ローンという問題を解決しましょう。

## ・連帯保証人について

夫婦で家を購入するときに、一方が「名義人」となり、もう一方が連帯保証人となるケースは少なくありません。購入時には、未来に向けて気持ちも明るく前向きで、将来離婚や住宅ローン破たんという不安など頭をよぎりもしなかったでしょう。

連帯保証人についても、しっかり理解されていましたか？

連帯保証人とは、一言でいうと「債務者と同じ責任を負う人」ということです。債務者が返済できなくなったときは、連帯保証人が返済義務を負うことになります。

ここで、住宅ローンの名義人が夫で、妻がその連帯保証人になったケースで考えてみましょう。

離婚後、元夫が住宅ローンを返済し続けるはずだったのに、消息不明になってしまいました。すると、連帯保証人である元妻のもとに、住宅ローンの返済請求がやってきます。たとえ離婚していても、連帯保証人から外れるわけではないのです。

ただの保証人ならば、元夫に返済能力がある限り「元夫の財産を差押さえてください」と主張することができます。しかし、妻が連帯保証人になってしまうと、元夫が消息不明の今、強制執行による差押えを求める権利さえないのです。

夫婦関係が円満なときは、連帯保証人になることに、何の不安もないでしょう。ですが、離婚するとなると、連帯保証人であるという現実が重くのしかかります。

では、離婚するにあたって、住宅ローンの連帯保証人から外れることはできるのでしょうか?

残念ながら、連帯保証人として金融機関と契約を結んでいるので、解除するのは簡単ではありません。配偶者単独で住宅ローンを借り換えてもらうか、誰か別の人に連帯保証人になってもらうか、住宅ローン相当の資産を担保にするかですが、いずれも難しいでしょう。

連帯保証人という立場から逃れたいなら、「家を手放す」という方法が現実的です。家を売却して残債を完済できれば、夫婦とも身軽になって、今までの全てをリセットし、それぞれの新生活をスタートできるでしょう。

任意売却なら、債権者である金融機関と交渉することで、残債を無理なく返済していくプランを新たに立てることができます。

## ・離婚するとどうなるの

婚姻関係を結ぶと、夫婦で財産を管理することになります。婚姻期間中に夫婦が築いた財産は、夫婦の共有財産となるのです。では、離婚すると２人の財産はどうなるのでしょう?

離婚の際、夫婦の共有財産は２人に分配され、それぞれの個人財産となります。

これが「財産分与」です。

最も気になる「住宅」について説明しましょう。

婚姻期間中に住宅を購入した場合、家は夫婦の共有財産であると認識されます。たとえ不動産名義が夫であっても、離婚後に家を独り占めして妻を追い出すことはできません。2人の共有財産として、公平に分け合う必要があります。

では、住宅ローンの返済が残っている場合はどうなるのでしょうか?

ローンが残っている場合、不動産の価値とローンの残債を合わせて財産分与を考える必要があります。

ここで大事なのは「不動産の時価」と「財産分与時のローン残債」の差額です。

不動産の時価がローン残債を上回る「アンダーローン」の場合は、その差額を夫婦で分与します。どちらかが家を所有し続ける場合は、分与に相当するお金を相手に支払う必要があります。

問題は、不動産の時価がローン残債を下回る「オーバーローン」の場合です。

このとき、その不動産には経済的価値が少ないため、夫婦の共有資産ではない、と判断されます。そのため、財産分与とは別のかたちで解決策を考える必要があります。

なお、住宅ローン残債が「負の財産」として分与されることはありません。

借金は、債務者本人と債権者との契約の問題です。離婚における財産分与の対象にはならないのです。そのため、住宅ローンの名義人が夫である場合は、夫のみが返済責任を負います。ただし、妻が連帯保証人や連帯債務者となっている場合は、その責任が離婚後も続きます。

このように、住宅ローン返済が残っていると、離婚時にややこしい問題となりがちです。そのため、たとえ住宅ローンが残っていても、リセットして再出発するため、家を処分してしまいたいと思う方が少なくありません。

通常、住宅ローンが残ったままの売却は難しいのですが、任意売却なら可能です。

ここまで任意売却につきまして、できる限り分かりやすく説明をしてまいりました。次ページからは、離婚の際の事例を筆頭に、さまざまな任意売却の実例を30例ご紹介します。任意売却専門業者として数々の任意売却を行ってまいりました実際のケースに基づいたものです。

また、巻末には、あらためて「任意売却16のよくある質問」、そして、「知っておきたい任意売却にまつわる用語」を記しておりますので、どうぞ参考にしてください。

実例1　離婚を巡るケース（1）

## ❖離婚後の任意売却は、元夫婦の気持ちが大事

会社員30代女性（子ども2人）
債務残高　3、000万円
任意売却金額　2、400万円

離婚後、元のご主人が住宅ローンを払い、奥さんが居住中のケースです。

奥さんから、

「このところ返済が遅れているようなので、家の名義を変えられないだろうか」

とご相談がありました。

この場合、離婚後に住宅ローンの残債を借り換え、奥さんが返済していくことが可能です。ただし、借り換えをするに当たり、奥さんの年収や勤め先など、いくつかク

リアすべき条件がありますので、現実に難しい場合も少なくありません。
もし、奥さんが「家を住み替えてもよい」というお気持ちでしたら、元のご主人に連絡を取り、任意売却の話をさせていただきます。

この方のケースでは、元のご主人に連絡を取ることができたため、現状や今後についてきちんとご説明することができました。
その後、無事に任意売却に成功し、引越し費用と次に住む賃貸マンションの諸経費をねん出することができました。２人のお子さんのためにも、良い結果を出すことができて良かったと思います。

似たようなケースをもう一つご紹介します。

会社員30代女性（子ども2人）
債務残高　　２、９００万円
任意売却金額　２、３００万円

離婚後、元のご主人が住宅ローンを払い、奥さんとお子さんが居住中ですが、元のご主人から、
「任意売却をしたい」
とご相談がありました。

お住まいがご主人だけの名義でしたら、売却することは法的に問題はありません。しかし、奥さんとの共有名義や奥さんが連帯保証人の場合もありますし、仮にご主人だけの名義であっても、売却活動時には内覧されることもあるため、現在その家にお住まいの奥さんとの間でトラブルにならないように、同意やご協力が必要不可欠です。

本来であれば、任意売却することで、奥さんの引越し費用や、新たに次のお部屋を借りる経費がねん出できることなどを、奥さんも交えて双方にご説明させていただきたいとご案内しています。しかし、お2人揃って話を聞いていただくことが難しいケースもあります。

Mr.リセット

**斎藤善徳のここがポイント！**

離婚後は、お互いの意見が一致しないために揉めることも少なくありません。お互いに感情的にならず、落ち着いて気持ちを固め、同じ方向を向いて乗り切ることを第一に考えていきましょう。

離婚していても、奥さんが家の持ち分（登記簿上の共有名義）を持たれていたり、連帯保証人になられていたりすることもあります。いろいろなケースがあるので注意が必要です。

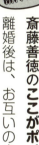

実例2 離婚を巡るケース(2)

## ❖別れた妻子のことを考えると自己破産はできない

自営業40代男性(妻、子ども1人)
債務残高　1、800万円
任意売却金額　1、500万円

Oさんは2年前に離婚しました。奥さんは、当時5歳の息子さんと一緒にご実家へ戻られたそうです。

その後Oさんは、結婚したときに購入したマンションの住宅ローンを払いながら一人で住み続けていましたが、リーマンショック以降、収入が激減してしまいました。

そのため、住宅ローンの滞納が続き、やがて裁判所から通知が届きました。一時は自己破産も考えたOさんですが、マンションを購入したとき、奥さんが連帯保証人になっていたことを思い出したそうです。

自己破産を申請して免責されると、債権者は連帯保証人に返済を求めることになります。つまりOさんの場合、自己破産が成立しても、連帯保証人である奥さんが残り1、800万円の借金を背負うことになってしまうのです。

別れた奥さんやお子さんに負担をかけたくないと思ったOさんは、自己破産以外で住宅ローン問題を解決する方法を求めて、任意売却専門業者である弊社へご相談に来られました。

担当者は、Oさんの残債を少しでも小さくするため、できるだけ高値で任意売却することを目指しました。

弊社のネットワークをフル活用して販売活動をした結果、ほぼ相場通りの1、500万円で売却することができました。

それでも完済には300万円ほど足りませんが、担当者が債権者と交渉し、残債は毎月少しずつ返済していくことで合意に至りました。

Mr.リセット

**斎藤善徳のここがポイント！**

住宅ローンの名義とは別に、家の持ち分（登記簿上の共有名義）に奥さんの名前がある場合はもちろん、何も名義がないとしても、内覧時や引越しの際の協力などが必要です。

お2人できちんと話をして、お互いの意志疎通を図ることが大事です。

実例３

離婚を巡るケース（３）

## ❖３年前に別れた夫が住宅ローンを滞納

介護職30代女性（子ども１人）
債務残高　　２、７００万円
任意売却金額　２、３００万円

Aさんは京都府出身の男性と結婚し、京都にマンションを購入しました。娘さんが7歳になった頃に離婚し、Aさんは娘さんと一緒に生まれ育った大阪へと戻りました。

それから3年が経った頃、それまで音信不通だった元のご主人から突然、「住宅ローンが返済できなくて、マンションを競売にかけられることになった」という連絡がきたそうです。

Aさんはまず、京都のマンションについて相談しやすいと考え、大阪と京都にオフィスのある弊社へ相談に来られました。そこで、最初は大阪のスタッフがAさんから詳しいお話を伺いました。

競売にかけられることになった、元のご主人が住む京都のマンションですが、実は、Aさんが連帯保証人になっており、元のご主人に住宅ローンの返済能力がなくなったら、連帯保証人であるAさんに返済義務が生じます。

そのため、競売で安く売却される前に、少しでも残債を減らすことのできる方法として任意売却をご提案しました。

その後、弊社京都オフィスのスタッフがAさんと共に、元のご主人にお会いし任意売却のご説明をさせていただきました。元のご主人も任意売却に同意してくださり、京都オフィスを中心にマンションの売却活動が始まりました。

その結果、競売にかけられた場合よりはるかに高い価格で売却することができました。また、元のご主人の債務整理のめども立ち、Aさんは借金を背負うことはありませんでした。

Mr.リセット

**斎藤善徳のここがポイント！**

元のご主人に任意売却に同意していただいたことで、競売にかかるよりも高い金額で売却することができました。

無事に解決したので、連帯保証人であったAさんが借金を背負うこともなく、本当に良かったと思っています。

# 実例4　離婚を巡るケース（4）

## ❖夫と離婚したい。住宅ローンはどうなるの？

主婦30代（子ども1人）
債務残高　2、800万円
任意売却金額　2、700万円

Kさんが弊社へ相談に来られたときには、既に当時のご主人との離婚を固く決意されていました。

Kさんは、

「今すぐにでも籍を抜きたいくらい」

とおっしゃっていましたが、担当者は住宅ローン問題が解決するまで離婚を待っていただくようご提案しました。

なぜなら、婚姻関係を解消し、住宅ローンの債務者であるご主人が返済不能に陥ったり、音信不通などになると、連帯保証人であるKさんが住宅ローンの残債を全て背負う恐れがあるからです。

そこで、連帯保証人としてのリスクを可能な限り0にするために、離婚をする前に任意売却することをお勧めしました。

それにはまず、ご主人に任意売却を提案するとともに詳しくご説明し、承諾していただく必要があります。もちろん夫婦間のことはご本人同士にお任せしますが、任意売却のことをご家族に正しく説明しご理解いただくのは、任意売却専門業者の大切な仕事の一つです。

夫婦間での名義変更が難しいことや、一方が住宅ローンを支払い続けるのは経済的に難しいことなどを説明した結果、任意売却に納得し、同意していただくことができました。

Kさんと元のご主人の家は、神戸市内の新しい住宅地なので不動産価値が高く、売却価格で住宅ローンの残債をほぼ返済することができました。

Mr.リセット

**斎藤善徳のここがポイント！**

きちんと話し合いの場を持ち、任意売却に関する詳しい説明ができたのがポイントでしょう。

Kさんは、借金を背負う可能性がなくなり、身軽になったあと、離婚も無事に成立しました。

「自由な気持ちで新しい人生に踏み出せた」という喜びの声が届きました。

## 実例5　離婚を巡るケース（5）

### ❖離婚をきっかけに

主婦40代（子ども2人）
債務残高　3、200万円
任意売却金額　2、600万円

Sさんは現在42歳で、5年ほど前にご主人と離婚しました。離婚に際し、ご主人名義のマンションは、住宅ローンをご主人が支払い、Sさんと2人のお子さんがそのまま住み続けるという条件だったそうです。

ところが、半年くらい前から、銀行から元のご主人宛の督促状が届くようになりました。元のご主人にそのことを伝えても、

「大丈夫」

の一点張りだったため、Sさんは元のご主人に任せて放っておいたそうです。

しかしその後、裁判所よりマンションの差押え通知が届きました。

そこで、

「このままでは、マンションが差し押さえられてしまう」

と思ったSさんは、

「どうすればいいのか……。何かいい方法はないだろうか」

と任意売却専門業者である弊社へ相談に来られたのです。

担当者がSさんから詳しくお話を伺い、親身になって対応させていただきました。それから売却活動を行った結果、引越し費用などの自己負担もなく、お子さんたちの学校区内の賃貸マンションへ移っていただくことができました。

残債については、元のご主人との間で合意に至り、無事に問題を解決することができました。

Mr.リセット

**斎藤善徳のここがポイント！**

離婚がきっかけになるのは、非常に多いケースです。ただ、その多くが元のご主人様と連絡が取れなかったり、連絡が取れたとしても非協力的だったりと、難しいことが多いのです。

当然、任意売却は、債務者ご本人の同意がなければ進めることはできません。

しかし、

「このままでは競売で家族が路頭に迷うことになってしまいます」

と訴えても、警戒されているのか全く相手にしてもらえないことも少なくありません。

ただ、Sさんの場合は奥さんから元のご主人に、きちんとご説明してくださっていたこともあり、すぐに同意していただくことができ、スムーズに売却が行われました。

Sさんご家族の幸せを心から祈っております。

実例6

## ❖会社がまさかの業績悪化で収入激減

会社員40代男性（妻、子ども2人）
債務残高　3、200万円
任意売却金額　2、000万円

Mさんは、安定した会社に勤めているという安心感もあり、若いうちからコツコツとローンを払っていくほうが、後々楽だろうと考え、28歳のときに3,500万円でマイホームを購入しました。

ところが、マイホームを購入してから5年も経たない頃から、お勤めの会社の業績が急降下し始めました。あてにしていたボーナスは出なくなり、ほどなくして給料も減額されてしまいました。

それでも、できるだけ倹約しながら住宅ローンを払い続けたものの、購入から10年ほど経つ頃にはマイホームの時価が2、000万円にまで下落していることを知りました。

そこまで時価が下落してしまった家に、住宅ローンの返済にあえぎながら守るほどの価値はないと考え、マイホームを手放す決意をしたそうです。

マイホームを手放すにあたり、2人のお子さんがいらしゃるMさんにとって、最大の課題は、できる限り借金を残さないことでした。

そのため、買い叩かれるように売値が安くなる競売を避け、少しでも良い条件で任意売却できるようにサポートさせていただきました。債権者や家の購入希望者と何度も話し合った末、ほぼ相場の価格で売却することができ、ローン残高3、200万円のうち、約2、000万円を売却価格で返済することができました。

差額となる残債はありますが、これは毎月無理のないペースで返済していけることになり、無事解決しました。

Mr.リセット

**斎藤善徳のここがポイント！**

「最大の課題」を「できるだけ借金を残さないこと」と決め、無事に解決したケースです。

Mさん一家はその後、家族4人揃って新生活をスタートされました。

実例７

## ❖競売開始決定の通知。不動産会社にも見放され

自営業50代男性（母、妻、子ども１人）
債務残高　２、８００万円
任意売却金額　１、５００万円

Ｈさんは、複数の金融機関からお金を借りていました。ある日、そのうちの一つである住宅金融支援機構から、担保不動産競売開始決定通知が届いたのです。

やがて他の債権者からも差押えがくるという不安に駆られたＨさんは、すぐに任意売却という手段を選びました。

そこで、大阪市内の不動産会社に任意売却を依頼したところ、

「債権者が複数いるケースは難しい」
と断られてしまい、任意売却専門業者の弊社に相談に来られました。

まず、競売にかけられることを避けるため、差押え通知の発送主である住宅金融支援機構との交渉に当たりました。続いて、他の債権者である残りの銀行や信販会社にも任意売却の承諾をいただき、売却活動を開始しました。最終的に約1、500万円で売却することができました。

債権者との面談や不動産購入希望者の見学受け入れなど、Hさんご自身が積極的に取り組まれたことも成功の大きな要因です。

無事に任意売却は成功しましたが、Hさんは、残債をゼロにするために自己破産を申請されました。

また、新生活をスタートさせるための賃貸物件についてもお任せいただき、初期費用がほとんど必要ない状態でご入居できるようになりました。

Mr.リセット

**斎藤善徳のここがポイント!**

任意売却を専門としない不動産会社は、債権者との交渉が苦手です。債権者が複数いてもあきらめず、任意売却専門業者に相談に来られたことと、ご自身が積極的に取り組まれたことがよかったと思います。

Hさんからは、

「完済のめどが立たないままローンを返済し続けていた頃に比べて、とても気持ちが楽になりました」

と言っていただきました。

実例8

## ❖奥さんとの思い出が詰まった自宅が競売に

会社員50代男性
債務残高　1、400万円
任意売却金額　900万円

Kさんは、8年前に住宅ローンを組み一軒家を購入しました。
大阪市内の大手企業に勤めるKさんの当時の年収が600万円で、同じく大阪市内にお勤めされている奥さんの収入400万円と合わせて、60歳になるまでに余裕を持って返済できる計画を立てていました。

ところが、奥さんが体調を崩し入院され、その後、治療の甲斐なく亡くなりました。

精神的なショックはもちろんですが、奥さんが亡くなられたことで住宅ローンの返済計画も大きく見直しを迫られることになりました。常識的な観点からKさんは、住宅ローンの完済が困難と判断しました。

債権者からは任意売却を迫られましたが、奥さんとの思い出が詰まった自宅を手放すことに抵抗があったKさんはそれを拒否し、倹約しながら懸命に働いて返済し続けました。しかし、返済が滞ることは避けられず、ついに競売開始の通知が届きました。

競売が成立してしまうと、強制的に立ち退きを迫られることになります。

そこでKさんは、

「それだけは絶対に避けたい」

と、弊社に任意売却の手続きを依頼されました。

Kさんの事例では、「競売の成立までの間に任意売却を成立させること」「任意売却後もKさんが自宅に住み続けられるようにすること」の２点が最重要事項と判断し、大阪市内の一軒家購入に興味を持っていて、２点の条件達成を受諾してくれる投資家と交渉することにしました。

こうして、Ｋさんの任意売却は無事に成立しました。

債務残高１、４００万円のところ、売却価格９００万円で任意売却が成立しました。さらに時間をかければもう少し高めの売却価格も望める案件だったのですが、競売成立までのタイムリミットが重い足かせとなってしまいました。

しかし、任意売却後もＫさんが希望していた通り、自宅に住み続けられるように取り計らうことができたため、将来的には投資家から買い戻すという可能性も残すことができました。

Mr.リセット
**斎藤善徳のここがポイント！**
競売開始の通知が来てから入札まで、約半年くらいの時間があります。競売開始になっても遅くありません。しかし、できるだけ早めに専門業者に相談することをお勧めします。

実例９

## ❖突然のリストラ。ローンはどうすれば

会社員50代男性（妻、子ども２人）
債務残高　２、２００万円
任意売却金額　１、８００万円

Nさんは大阪市にお勤めの会社員です。長年社宅に住んでいましたが40歳の頃、市内にマンションを購入しました。ところが、その10年後に突然リストラされ、住宅ローンの返済計画が大きく揺らいでしまいました。

リストラされ、収入が途絶え、先行きが不安なときに借金を抱えたままでいることに不安を感じ、任意売却を決意したそうです。

ところが、任意売却を依頼した最初の業者では、半年間待っても買い手が見つからなかったそうです。なかなか買い手が見つからないことでさらに不安が広がる中、弊社に相談に来られたときには、一刻も早く任意売却を成立させたほうが良い段階でした。

詳しくお話を伺い、検討を重ねた結果、後々じっくり販売活動すれば、きちんと回収できる可能性が高い物件と判断し、最善策としてNさんのマンションを弊社で即金買い取りさせていただきました。

物件の購入者が決まっていれば、債権者に任意売却に応じていただける可能性が高くなります。そのため、それ以降の交渉はスムーズに進めることができ、任意売却の早期成立を実現しました。

Nさんには2人の娘さんがいらっしゃいます。まだ学生のため引越し先は学区内を希望されていましたので、学区内で条件を満たす賃貸物件をご紹介し、引越し資金もねん出することができました。

Mr.リセット

**斎藤善徳のここがポイント！**

売却成立までに残された猶予時間が少ない中で、Ｎさんのケースは、最善策として「買い取り」という方法をとって成功した事例です。お子さんの学区内という、希望通りの物件を紹介することもでき、Ｎさんご家族に大変喜んでいただきました。

実例10

## ❖友人の借金の連帯保証人に

自営業40代男性（妻、子ども3人）
債務残高　2、400万円
任意売却金額　1、800万円

Iさんは、大阪市内のマンションで、奥さんとお子さん3人の5人で生活されています。Iさんご自身の経済状況には何の問題もなく、10年前に購入された分譲マンションの住宅ローン返済も順調です。

しかしそんな折、Iさんは10年来の知り合いだという友人T氏から相談を持ちかけられ、T氏の連帯保証人になりました。友人からの依頼を快く承諾したものの、その結果Ｉさんは、大変な事態に陥ってしまいました。

友人Ｔ氏は返済の義務を負わず、全てＩさんに押し付けて行方が分からなくなってしまいました。そのため、連帯保証人であるＩさんには、行方不明のＴ氏の借金２、０００万円の返済義務が生じてしまったのです。

連帯保証人としてＴ氏の代わりに負ってしまった２、０００万円の借金を返済しながら、さらにまだかなりの残債が残っているご自宅の住宅ローンの返済も続けていくことは不可能だと判断したＩさんから、任意売却の手続きをご依頼されました。

Ｔ氏の連帯保証人として返済義務のある２、０００万円の借金は、Ｉさんの貯蓄と返済計画の見直しで何とか解決できるとのことでした。

Ｉさんの住宅ローンは総額３、４００万円で、そのうち10年間で返済した１、０００万円を差し引いた２、４００万円が返済困難という状況でした。

スタッフが全力を尽くし、ほぼ市場価格と同額の１，８００万円で任意売却が成立しました。

任意売却が成立したことで、債務残高２、４００万円のうち１、８００万円を償却し、残り600万円は返済計画の見直しによって、無理なく完済が目指せる体裁を整えました。

債権者もIさんの事情には同情的で、返済計画の見直しに快く同意していただけました。

10年住み続けた自宅をこういった形で失ってしまったことはIさんにとって大きな痛手となりましたが、債権者がもろもろの転居費用を負担してくれたおかげで、すぐに新しい生活をスタートさせることができました。

Mr.リセット

**斎藤善徳のここがポイント！**

「××の連帯保証人になってしまって……」というのは実はよくあるケースです。いろいろなご事情はあると思いますが、連帯保証人の責任を正しく理解しましょう。また、問題が起きたらできるだけ早く専門業者に相談することです。この事例ではまさに「判断の早さ」がポイントだったと思います。

実例11

## ❖事業の失敗で住む家も失いかけ

会社員30代男性（父、母、妻、子ども）
債務残高　　　1、300万円
任意売却金額　1、300万円

Wさんは、兵庫県神戸市にお住まいの会社員です。

5年前、結婚を機に、中古マンションを購入し、同市内の一軒家にお住まいのご両親の元から独立されました。

中古マンションの購入費1、300万円ですが、頭金の用意がなかったため全額住宅ローンを組まれました。

中古のマンションとはいえ、Wさんにとっては初めての多額のローンとなりました。

住宅ローン返済の不安にかられたWさんは、その不安を少しでも減らそうと新規事業を立ち上げ、収入を増やそうとしたそうです。しかし、思惑通りにはいかず、その事業は失敗してしまい、財産のほとんどを失ってしまうばかりか住む家さえ失いかける事態に陥ってしまいました。

返済に追われることになったWさんは、購入したマンションを手放すことを決意し、弊社神戸オフィスへ、任意売却のご相談に来られました。

Wさんとしてはリースバックでの任意売却を希望されていましたが、中古マンションであることからなかなか投資家の目に留まらず、リースバックは成立しませんでした。

そうこうしているうちに競売の通知が届き、一刻の猶予もならない状況になってしまいました。そのとき、Wさんに同行していたお父様から、親子間売買のご提案をいただきました。

親子間売買でも融資可能な金融機関と交渉し、Wさんのお父様が融資を受け、そのお金でWさんのご自宅を購入されました。

これまでの債権者からお父様に債権者が変わったことで、返済計画の見直しや将来的なリースバックも考えやすくなったのが今回の事例です。

親子間売買はさまざまなリスクを伴いますが、お父様の強いご決断をいただけたことから、Wさんにとっては最善の形で任意売却が成立しました。

Mr.リセット

**斎藤善徳のここがポイント！**

「自宅を残す」という条件や選択肢は、非常にハードルが高いのですが、今回のケースでは、お父様からの申し出もあり、親子間売買によって自宅を残すことができました。

Wさんは毎月、一定額をお父様に返済されておられるとのことです。

実例12

## ❖夫婦の夢は破れ、借金だけが残った

自営業40代男性（妻、子ども1人）
債務残高　　2、000万円
任意売却金額　1、950万円

Yさんは、神戸の港町で奥さんと共に和食のお店を営んでいました。

ところが、ようやく経営が軌道に乗った頃に、Yさんが自損事故で怪我をされ、休業を余儀なくされてしまいました。

休業により収入が絶たれる一方、治療費や入院費で出費は増えていき、ついには住宅兼店舗の住宅ローン返済が滞りはじめ、Yさん夫婦は泣く泣くお店を諦めることにしたのです。

Ｙさんの体調を考慮し、弊社との話し合いはＹさん宅で行うようにしました。長年の夢が破れたことでご夫婦共かなり憔悴されていたため、焦らずじっくりお話を伺いました。

Ｙさんのケースでは、当面の収入がないことを考えると、任意売却後しばらくの生活費とＹさんの医療費を確保することが最重要事項です。

競売の場合、売却額は全て返済に充てられてしまいますが、任意売却であれば、売却価格の一部を引越し資金という名目で手元に残すことができます。

そこで、売却活動を開始し任意売却を成立させることができ、引越し資金もお渡しすることができました。

Ｙさんご一家は神戸を離れ、今は郊外で生活しておられます。

Ｙさんのお怪我が完治し、以前のように働けるようになったら、残債はすぐに完済できることでしょう。

Mr.リセット

**斎藤善徳のここがポイント！**

生活や収入の基盤となるお店を失うというのは、精神的にもダメージが大きく、決断するまでに時間がかかると思います。

Yさんのケースでは、競売ではなく任意売却を選択されたため、その後の生活費の一部に充ててもらうお金を、引越し資金という名目でお渡しすることができました。

これが競売と任意売却の違いであり、任意売却のメリットの一つです。

実例13

## ❖突然のケガから解雇。収入不安に

会社員40代男性（妻、子ども1人）
債務残高　　　８００万円
任意売却金額　５００万円

神戸市内の企業で営業として働いていたGさんは、営業先に車を走らせている最中の事故で腰に大きな怪我を負ってしまいました。幸い、後遺症が残るほどではありませんでしたが長期入院が必要になり、ようやく退院できるという頃には、既に職場を解雇されていました。

奥さんと娘さんの生活を支えていたGさんが失職してしまったことで、5年前に借り入れた住宅ローンの返済が困難となり、あと少しで自宅が競売にかけられるという状況にまで追い込まれてしまいました。

そこで、Gさんは自宅を手放すことを決意され、弊社の神戸オフィスへ任意売却のご相談に来られました。

Gさんのケースでは、できるだけ高額での任意売却を目指すことはもちろん、新生活を始めるための基盤を整えることも重要事項と考えました。


会社を解雇されたことにより、収入源を失ってしまったGさんは転居費用をねん出することも難しい状態でしたので、転居費用の負担をお願いできる方に購入してもらえるよう努めました。競売開始時期が近づく中、どうにか条件を満たす買い主様と交渉し、任意売却が成立しました。

債務残高800万円に対して任意売却の成立額は500万円。完済とはならず、返済の継続は困難と判断されたGさんは自己破産を申請し、裁判所に認められて免責となりました。

物件の買い主様に転居費用として80万円を負担していただいたおかげで、神戸市内の賃貸アパートへ無事に転居することができました。

Mr.リセット

**斎藤善徳のここがポイント！**

「あと少しで自宅が競売にかけられる」という状態でも、Ｇさんは決してあきらめずに相談に来られました。

Ｇさんは現在、再就職先を探しておられます。転居費用を手に、そこから新しい生活をスタートされたケースです。

実例14

## ❖ 33歳でリストラ。奥さんが病に倒れたことを機に任意売却を決意

会社員30代男性（妻）
債務残高　2、000万円
任意売却金額　1、800万円

Yさんは、結婚を機に32歳でマイホームを購入しました。当時の年収は650万円で、奥さんとの2人暮らしです。「子どもは3人ほしい」と幸せな未来を描いていた矢先に、それまで勤めていた会社の業績が突然悪化し、とうとう半年後にはリストラされてしまったのです。

老後のためにと貯めておいたお金を取り崩し、毎月の住宅ローン返済に充てる日々が続きました。

やがて、心労がたたった奥さんが病に倒れてしまいました。そのとき、将来のためにも「このままではいけない」と思い、Ｙさんは任意売却を決意したそうです。

これ以上貯金を取り崩すことはできないという思いから、Ｙさんは弊社の京都オフィスまでご相談に来られました。

奥さんのことや将来のことを考えると、なるべく高い金額で任意売却を成立させたいと思われていました。債務が２、０００万円以上残っていたため、売却により得たお金の大半を返済にあて、数百万円は新たな生活をスタートさせる際の費用として取っておきたいというご要望でした。

そこで弊社はＹさんのご要望に沿い、少しでも良い条件で任意売却ができるよう売却活動を行った結果、１、８００万円で売却することができました。

売却で得た１、８００万円のうち、２００万円は今後のために手元に残しておきたいというご要望でしたので、１、６００万円を債務返済に充てられました。残債が４００万円となりましたが、返済の負担が軽くなったと大変喜んでくださいました。

また、心労が軽減したためか奥さんの容態も改善に向かっており、

「今後は2人で新たな生活をスタートしていこうと思います」

という前向きなお考えを伺うことができました。

Mr.リセット

**斎藤善徳のここがポイント！**

会社の業績悪化やリストラ、怪我や病気などは、いつ誰にでも起こりうることです。Yさんの「売却して得たお金の大半を返済にあて、残りの数百万は今後のために残す」というご要望に沿ったケースです。ご要望にお応えるため、粘り強く売却交渉をしたところがポイントです。

実例15

## ❖順風満帆に思えた生活から、まさかの転落

会社員40代男性（妻、子ども１人）
債務残高　２、８００万円
任意売却金額　２、８００万円

京都に住むNさんは、お父様が企業経営をしていたため、子どもの頃から何一つ生活における不自由を感じることはありませんでした。

お父様が会社を引退した後をNさんが継ぎ、それから数年間、業績は右肩上がりだったそうです。さらに35歳で結婚しマイホームを購入、36歳のときに奥さんが出産し、公私ともに順風満帆な生活を送っておられました。

しかし、悲劇は43歳の時に訪れました。それまで右肩上がりだった会社の業績がいきなり下降し始め、数カ月後には創業以来初めての赤字を抱えてしまったのです。それからも業績は悪化し続け、数年後に会社は倒産してしまいました。会社が倒産したことにより負ってしまった借金は、貯金を使って返済しましたが、生活は一転して苦しくなってしまいました。

会社が倒産し、貯金を全て使い果たしてしまった状態で住宅ローンの返済までは手が回らず、Nさんはどうしたらいいのかと頭を抱えてしまいました。悩んだ末に出た結論が、任意売却専門業者である弊社へ相談することでした。

債務を返済するために、私はNさんに任意売却をご提案しました。売却によって得たお金を債務返済に回せば、売却額にもよりますが、経済的な負担は大きく軽減できます。Nさんの自宅は立地条件や住環境が非常に良好でしたので、弊社はまず、Nさんのご要望通りの額で取引してくれる買い主様を探しました。

Nさんのご要望は、

「子どもがいるので、任意売却により債務を完済したい」

「自己破産は絶対に避けたい」

ということでした。

そのためには、残債である2,800万円で売却を成立させる必要がありました。以上の条件を最優先させて買い主様と交渉をした結果、希望通り2,800万円での売却が成立し、債務を完全に返済することができたのです。

現在、Nさんはご両親と同居しながら、奥さんと小学校に通うお子さんと生活しています。また、前職で培った知識や経験を生かし、現在は別の企業でご活躍されているとのお便りをいただきました。

Mr.リセット

**斎藤善徳のここがポイント!**

Nさんのように「自己破産は絶対したくない」と言われる方もいます。配偶者に高額の貯金があったり、将来退職金が見込めるなど、理由はさまざまですが、このケースでは、自己破産したくない、自己破産できない、という人の成功例といえるでしょう。

実例16

## ❖ご主人を突然の事故で亡くし、一戸建てに一人暮らし

会社員30代女性
債務残高　1、000万円
任意売却金額　1、000万円

Sさんは、京都で一人暮らしをされている主婦です。数年前にご主人を事故で亡くされ、それ以来ご主人との思い出が詰まった一戸建てで一人暮らしを続けていました。

ご主人の事故当時は意気消沈し、仕事もままならない状態だったのですが、周りの支えもあり何とか仕事に復帰できたそうです。

しかし、仕事には復帰できたものの、「住宅ローンの返済」という大きな問題があ

りました。それまでは、ご主人とSさんお2人の収入があったからこそ住宅ローンを返済してこられましたが、ご主人亡き後、Sさんの収入だけではとても返済できるほどの余裕はありません。

そんなとき、たまたま友人に教えてもらったのが弊社による「任意売却ご相談サービス」だったのです。

Sさんの残債務額は1、000万円で、債務返済の滞納により自宅が強制的に競売にかけられる恐れがありましたので早急な対応が必要でした。

さらにSさんは、

「借金を作るのはどうしても避けたい」

というご要望でしたので、ご要望通りの額で取引していただける買い主様を探すことになりました。

その結果、ちょうど京都市で住宅を探していた人と交渉し、1、000万で売却することができました。

ご希望通り1、000万円での売却が叶っただけでなく、買い主様のご好意により、Sさんの引越し費用を負担していただけることになりました。

Mr.リセット

**斎藤善徳のここがポイント！**

ご主人との思い出が詰まった一戸建てを手放さなければならないことに、少し落ち込んでいたSさんを心配していたのですが、数日後Sさんから、

「無事に転居先を見つけることができました」

とお喜びの声が届きました。

新居での元気な再出発を心から応援しています。

実例17

## ❖リーマンショックで

会社員30代男性
債務残高　3、300万円
任意売却金額　2、400万円

Yさんは今から9年前、近所で分譲中だった建売住宅のオープンハウスで、住宅会社の営業マンから、「今なら金利キャンペーン中で、家賃とほとんど変わらない支払いで家が買えますよ」と購入を勧められました。

その当時、Yさんには自己資金がなかったため、住宅＋諸費用で35年のローンを組み、新築のマイホームを手に入れました。

毎月の返済は13万5000円と当時の家賃より2万円アップくらいでしたが、固定資産税を入れると月々15万円ほどの負担となりました。

毎月約3万円のオーバー分を、外食費やレジャー費などを削って何とかやりくりしていましたが、リーマンショック以降、ぱったりと残業がなくなったため給料が激減しました。それでも「何とか家だけは守らなければ」と頑張ってきましたが、わずかな貯金も底を突き、次第に返済が滞るようになってしまいました。

半年くらい住宅ローンを延滞した頃、債権者より物件を差し押さえたという旨の通知が届き、弊社にご相談に来られました。

任意売却によりYさんのお宅は2、400万円で売却することができました。

さらに、引越し費用として80万円を確保することができました。2、400万円で売却することができたとはいえ残債が900万円ほどあります。保証会社と交渉の末、月々1万円ずつ返済していくということで合意に至りました。

Mr.リセット

**斎藤善徳のここがポイント！**

※リーマンショックが起きた当時、よく似たご相談が多くありました。10年ほど前から金利が下がり、マイホームも大変買いやすくなりました。各銀行も、事業融資よりも安全な住宅ローンに力を入れ始め、いろいろな商品を出し顧客の獲得に動きました。

「家賃より安く夢のマイホームを！」と住宅販売業者もアピールし、自己資金がなくてもオーバーローンで融資を受け付け、年収の10倍以上のローンを組まれた方がたくさんいらっしゃいました。

しかし、「夢のマイホームを手に入れた瞬間から、家族旅行や楽しい外食などもなくなり、家のローンを払うためだけの毎日になってしまった」という話をよく聞きます。さらに、リーマンショック以降、ボーナスカットばかりか給料が減り、それと同時に物件の価格もどんどん下がり、4、000万円くらいで購入した家がわずか5年で 2、500～2、600万円にまで値下がりしています。

そんな住宅価格や価値の下落を理由に、相談しても聞き入れてくれる銀行はなく、Yさんは家が競売になる寸前に相談に来られました。

債権者と交渉の末、2、400万円以上なら競売を取り下げるとの合意を取り、大至急、レインズ、インターネット、チラシなどで買い手を探しました。

金額的に、業者の買い取りは無理でしたが、一般消費者との任意売却が成立し、Yさんには買い手、債権者から合わせて、80万円の引越し費用をお渡しすることができました。

Yさんご家族の今後の幸せを、心よりお祈り申し上げます。

※リーマンショック＝2008年米国大手銀行であったリーマンブラザーズの破綻とそれに伴う世界規模の不況のこと。

実例18

## ❖消費者金融での借入が「ゆきだるま式」に

会社員40代男性（妻、子ども１人）
債務残高　２、５００万円
任意売却金額　１、７００万円

Ｏさんは、建築関係の仕事に従事する40代で、お子さんが生まれた14年前に、築10年の中古マンションを購入しました。

２〜３年前から仕事が激減したため収入も減り、住宅ローンが払えず消費者金融から借入をして何とかやりくりしていました。やがて、その借入は消費者金融だけで６社、約５００万円になってしまいました。

返済のめども立たず、どうしようもなくなったOさんは、テレビCMで見た弁護士事務所に相談をしたそうです。しかし、弁護士とは一度電話で話しただけで、そのあとは事務員らしき女性が事務的に対応するだけだったそうです。

進展もなく、時間ばかりが経過していきます。

家は当然競売になるものだと思い込んでいたとき、知人から任意売却専門業者を紹介してもらい、そのとき初めてOさんは任意売却ができるということも知りました。

任意売却により、1、700万円で売却することができました。しかし、残債は2、500万円ほどあったため、800万円ほどの債務が残ってしまいました。

引越し費用を50万円確保し、残債の800万円は自己破産を申請し、免責になりました。

Mr.リセット

**斎藤善徳のここがポイント！**

これもよくあるケースです。住宅ローンを払うために、もっと金利の高い消費者金融からお金を借りてしまい、借金が「ゆきだるま式」に増えてしまうのです。そうなると、「まずは弁護士さんに」と考えるのは当然です。

ただ中には、対応は事務員に任せきりで、任意売却の提案もせず当然のように競売に持っていくような弁護士も多いようです。また、不動産売却は弁護士事務所提携の業者に担当させ、お客様の意見も聞かず債権者寄りの売却を進め、結局は売却できずに競売になってしまうケースもよくあるようです。

Oさんも当然競売になると思い込んでいましたが、任意売却についてご理解いただき弁護士の先生にも了解をいただき、任意売却を進めました。

Oさんがなるべく一般の方の内覧を避けたいと希望されたため、買い取り業者に売却し、その後自己破産をされました。

Oさんの再出発を心よりお祈り申し上げます。

実例19

## ❖病気で仕事を辞めることになり

元会社員50代男性
債務残高　　２、２００万円
任意売却金額　１、６００万円

Kさんは50代で、以前は金融関係のお仕事をされており、15年ほど前に築5年の中古マンションを購入されました。当時はまだ価格が高く3、０００万円近くしましたが、それ相応の収入もあったため何の問題もなかったそうです。

しかしKさんは、６年前に急に筋肉が思うように動かなくなる「ギラン・バレー症候群」という難病にかかり、仕事を辞めざるを得なくなりました。

しばらくは貯金で生活できていたのですが、いつまでも続けられるはずはありません。難病により退職し、収入が途絶えてしまいましたのでKさんは生活保護を受けることになりました。

ただ、生活保護を受けるには家を売却しなければならないため、近所の大手不動産会社に売却の依頼をしました。

当時の相場は1、500万円くらいだと言われたのですが、住宅ローンの残債はまだ2、200万円以上も残っています。そこで、この残債をなくすために2、280万円で売りに出したのですが、半年経っても全然売れません。

その間の住宅ローンの返済は滞っていくばかりです。そこで弊社へ連絡をいただきました。

債権者にはKさんのご病気や諸事情をきちんと説明するとともに、販売額を下げ、約半月で一般消費者への売却が成立しました。

Mr.リセット

## 斎藤善徳のここがポイント！

Kさんは難病を患われている方で、司法書士に相談をして生活保護の申請をされていました。安い府営住宅の抽選に当たったのですが、持ち家がある場合には、生活保護がもらえないため、早く家を売却をしなければ府営住宅に入居することもできないと困っておられました。

半年ほど前から大手不動産業者に売却を任せていましたが、一般の不動産業者では債権者との交渉などを専門にはしていないため、債権額以上で売りに出していたのでまったく案内も入らない状態だったようです。

販売額を下げ、約半月で一般消費者への売却ができました。Kさんに心から喜んでいただいたことが、今回特に印象に残りました。

実例20

# ❖マルチ商法にハマって

会社員40代男性（妻、子ども1人）
債務残高　　3、800万円
任意売却金額　3、500万円

大手メーカー課長職のFさんは40代で、10年前に一戸建てを購入しました。諸費用等全て込みで4、500万円以上しましたが、頭金を500万円入れ、借入は4、000万円程度でした。

ただ、3年ほど前から、副業（いわゆるマルチ商法）に夫婦で熱中してしまい、気がつけば貯蓄はなくなり、消費者金融にまで手を出すことになってしまいました。

今では、住宅ローンの返済も困難になり、ご紹介で弊社へ相談に来られました。

Mr.リセット

**斎藤善徳のここがポイント！**

Fさんは、誰でも知っているような大手企業にお勤めで、正直「なぜ、こんなことに……」と少し不思議に思いました。

「なるべく残債を減らしたい」とのご希望でしたので、一般消費者への売却活動を行いました。

家をきれいにお使いいただいていることと、立地が人気のエリアでしたので、すぐに買い主様が見つかり、無事売却することができました。

後日「本当はわざわざお話しすることでもないのでしょうが」と、借金を作ってしまった経緯を教えてくださいました。

心よりFさんの再出発を応援しております。

実例21

## ❖金融機関の提携業者に頼んだが

元会社員40代男性（妻、子ども１人）
債務残高　３、３００万円
任意売却金額　２、４００万円

Ｍさんは職場をリストラされてから、住宅ローンの支払いが滞るようになり、ついには、住宅を差し押さえる旨の通知が届きました。

金融機関に相談したところ、任意売却をするという方法があると聞き、指定業者を紹介されました。しかし、その指定業者は一度自宅の査定に来ただけで、正直、愛想のカケラもない人だったそうです。それでも、仕方がないと返事を待っていたのですが、その後何の音沙汰もありません。このままでは競売になってしまうのではと焦っていたところ、弊社を知り、元の業者を断って相談に来られました。
詳細を伺い、親身になって対応させていただいた結果、相談に来られてから10日くらいの間に5~6組のお客様をご案内することができ、その中から一番好条件の方へ売却することができました。

Mr.リセット

**斎藤善徳のここがポイント!**

選ぶ業者によって、任意売却の成否が分かれることはよくあります。特に、債権者が紹介する業者は、基本的に債権者のための売却を進めますので、引越し費用もほとんど得られませんし、一生懸命売ろうという姿勢が見られない業者が多いようです。

Mさんの場合も、このままではダメだと思われ弊社にご依頼をいただきました。ご依頼を受けてから、直ちに売却活動に移り、比較的築浅のきれいなご自宅でしたので、すぐに一般消費者へ売却ができました。

Mさんのご判断に感謝です。

実例22

## ❖ゆとりローン返済が

会社員50代男性（妻、子ども２人）
債務残高　３、０００万円
任意売却金額　２、２００万円

Ｍさんはお隣の家が売りに出された時、その額を見て愕然としたそうです。Ｍさんと同じ時期に買った同じような建売住宅です。

「今売れば２、１８０万円にしかならないのか……」

Ｍさんの残債は約３、０００万円で貯金は50万程度、つまり、売りたくても売れないのだということに気付かされました。

それでなくても収入は頭打ちです。Ｍさんはゆとりローンを利用しているので11年目からは返済額が当初の9万円から16万円にアップします。返済額のアップを考えると奥さんのパート代10万円があっても生活は赤字です。そこへ来て、来年は娘さんが大学、息子さんが高校に進学します。行き詰まる前に何とかしよう、と任意売却を考えました。そこで弊社に相談に来られ、すぐに任意売却を進めました。

結果的には家を手放すことになりましたが、住宅ローン残債は月5000円ずつの返済になりました。今度の家賃は8万5、000円ですので、家計はかなり楽になりました。

Mr.リセット

**斎藤善徳のここがポイント！**

Mさんは、以前多かったゆとりローンを組まれている方でした。今はすでにありませんが、このゆとりローンは、最初の返済額は安くても後から急に返済額が上がるために、生活苦に陥る方がたくさんいらっしゃいます。夢のマイホーム、しかし一番大事なのは、安心した生活や家族の笑顔だと私は思います。

実例23

## ❖ふたつの住宅ローン……ひとつだけの任意売却はできる？

会社員50代男性（妻、母）
債務残高　１、４００万円
任意売却金額　９００万円

Ｉさんは、15年ほど前に交野市に建て売りの一戸建てを購入し、10年ほど家族３人で住んでいました。５年ほど前、収入も安定しておりましたので、一戸建ての住宅ローンは残したまま、別の銀行から融資を受け守口市にマンションを購入されました。母親と三人で移り住み、交野市の家は結婚した息子さん夫婦が住むようにしました。しかし、親会社から事業の縮小を催告され仕事が激減したため、Ｉさんは２つの住宅ローンを払い続けることが難しくなりました。

守口市のマンションは高齢の母親もいるので何とか残したまま、交野市の家だけを任意売却できないものか、と数社に相談されたようですが、どの会社も対応の歯切れが悪く、Iさんは半分諦めかけていました。

最後に弊社に電話で相談してこられたので、「大丈夫です！」とお答えしました。早速売却の依頼をいただき、結果的に2か月で売却することができました。さらに、息子さん夫婦の引越し費用もお渡しすることができました。

Mr.リセット

**斎藤善徳のここがポイント！**

Iさんの相談は今お住まいのマンションを残したまま、別の銀行の融資を受けている一戸建てだけ任意売却できるのかというご相談でした。ケースにもよるのですが、Iさんの場合は新しいマンションと前の一戸建ての銀行が違っていました。新しいマンションには前の一戸建ての担保はまったく付いていなかったので、任意売却の交渉を行うことができ、しかも比較的良心的な売却額での合意を取ることができました。

実例24

# ❖任意売却専門業者を選ぶ大切さ

会社員30代男性
債務残高　１、６００万円
任意売却金額　１、１００万円

Ｔさんは、離婚するにあたり10年ほど前に中古で買った戸建の家を売りに出そうと、まずは地元の大手不動産会社に依頼しました。

残債は１、６００万円でしたので、残債をなくし少しでも手元に残るように最初は１、７００万円で売りに出していましたがまったく売れなかったそうです。担当する営業マンから、そのエリアの相場である１、３００万円くらいに価格を下げたほうが良いとアドバイスを受け、途中から価格を下げたのですが、それでも一向に買い手が付かず、担当の営業マンからは何の連絡もありません。
Tさんから連絡しても、
「一応頑張っています」
と気のない返事が返ってくるだけだったそうです。

その後インターネットで弊社を知り、ご相談に来られました。詳しくお話を伺い、すぐに債権者との交渉を始めるとともに売却活動も進めました。最終的に販売額を1、100万円まで下げることになりましたが、買い主様を見つけることができ、任意売却することができました。

Mr.リセット

**斎藤善徳のここがポイント！**

Tさんのケースは、同業者として開いた口がふさがらない実例です。もともと依頼していた業者は1、300万円に売却額を下げた時点で債務超過なのですが、金融機関にまったく交渉をしていませんでした。この間に、買い主様からのお申し込みが入っていたら、どうしていたのでしょう？

さらに、売れないのは室内が汚いからだとTさんにリフォームを勧め、クロスや洗面所のクッションフロア、畳、障子などを取り換え、それだけで何と100万円もTさんに請求しているのです。

Tさんは、そのお金をお姉さんから借りたそうです。100万円ともなれば、当然この業者は下請けに工事を依頼し、半分以上は利益を得ているはずです。

その後も売れず、結局面倒になったのか、リフォームで利益は得たからもういいと思ったのか、何もせずに放置していたようです。

実はこの業者、関西では大手です。同業者として情けなくなってしまいます。

その後、金融機関と交渉をし、1、100万円まで売却額を下げてもらい、任意売却を成立させました。

Tさんも勉強になったと喜んでおられました。

実例25

## ❖強制競売で差押えに

自営業60代男性
債務残高　2、000万円
任意売却金額　2、000万円

Hさんは60代の自営業者です。約35年前に建てた家が、事業融資の返済の滞りから強制競売により差押えになってしまいました。

債権者との交渉を重ねてきたものの、家を手放すより他はないと諦めていたHさんでしたが、任意売却専門業者の存在を知り、相談に来られました。

結果的に、家を建て替え、娘さんのご主人名義で買い戻すことができました。

Mr.リセット

**斎藤善徳のここがポイント！**

Ｈさんは、住宅ローンではなく事業融資返済の滞りにより、強制競売にて家を差し押さえられている方でした。

そこで提携業者に買い取りをしてもらい、家を建て替えました。その後、伊丹市に賃貸でお住まいの娘さんご夫婦に約３、５００万円で買い戻していただき、Ｈさんは同居されることになりました。

このように今のご自宅に居住し続けることができるケースもあります。

諦めずに何でもご相談してください。

実例26

## ❖消費者金融から差押え

元会社員50代男性
債務残高　　９００万円
任意売却金額　６５０万円

Mさんは、20年前にマンションを購入し、住宅ローンもあと数年で払い終えるところだったのですが、離婚を機に仕事を辞めてしまいました。その後、生活苦のため、マンションを担保に消費者金融からお金を借りるようになり、つい借り過ぎてしまい、借金が膨らんでしまいました。

その後消費者金融から、家を差し押さえると督促状が届き、インターネットで弊社を知り相談に来られました。

消費者金融との交渉の末、マンションの売却、次のお住まいへの引越しまで素早く対応しました。
マンションは手放すことになりましたが、Mさん一人では広過ぎましたので、売却を機に心機一転やり直すそうです。

Mr.リセット

**斎藤善徳のここがポイント！**

Mさんの住宅ローン残高は400万円くらいでしたので、任意売却の必要はなかったのですが、「家を担保に付ければ500万円以上借りられる」という消費者金融の甘い誘惑に乗せられ借金が増え、結局は毎月の返済だけで20万円以上になってしまいました。返済できずにいると家も差押えになるということで、途方に暮れて弊社にご連絡をいただきました。
消費者金融との交渉は珍しいのですが、結果的には消費者金融A社には借入額の半分の250万円で抹消に応じてもらい、残債に関しては、分割で交渉成立しました。

実例27

## ❖投資マンションの任意売却

会社員60代男性（妻）
債務残高　　５、０００万円
任意売却金額　３、０００万円

Uさんは10年ほど前、

「東京のワンルームマンションを今のうちに買っておけば、値も上がるし所得税等の控除も受けることができる」

という一本の電話から甘い話に乗ってしまいました。

その気になったUさんは、値上がりを見込み、投資のつもりで新築のワンルームマンションを都内に3部屋、合計で約8、000万円借り入れて購入しました。

購入後すぐに借り手はつきましたが、月々の返済のほか、修繕積立金、管理代行費、固定資産税などを合わせると家賃は入るものの、毎月6万円以上の赤字となってしまいます。

困ったUさんは、

「何とかならないか」

と売主である管理会社に相談しましたが、まったく聞き入れてもらえず、結局泣き寝入りするしかありませんでした。

今まではどうにかやりくりをして返済も支払いもしてきたものの、あと3年で定年を迎える年齢となり、「何とかしなくては」と、インターネットで知った弊社にご相談に来られました。

詳しくお話を伺った上で、ネットワークをフルに活用し売却活動を行い、3、000万円で売却することができました。

Mr.リセット

## 斎藤善徳のここがポイント!

最近、投資マンションの売却相談が増えてきています。

Uさんの場合もそうですが、最初からまったく利益が出ないマンションを「そのうち価値が上がる」「所得税の控除を受けることができる」などの誘い文句に乗り購入してしまう人がいます。その結果、毎月赤字となり返済や支払いが滞るという人が大変多いのです。

特に多いのは、新築マンションを事業主が直に販売しているケースで、一棟を売り切るために、かなり強引な営業が行われていることが多いようです。

利益追求は事業者としては当たり前のことですが、ほとんど詐欺に近い業者が数多く存在するのも事実です。しかも、それが名前の知られた大手業者ということも珍しくありません。

「だまされる方が悪い」という声が聞こえてきそうですが、私はどんなことでも「だます方が100%悪い」と声を大にして言いたいのです。

実例28

## ❖弁護士の先生に相談はしたけれど

自営業60代男性（妻、子ども１人）
債務残高　　３、０００万円
任意売却金額　１、９８０万円

Nさんは、印刷業を営んでおられる60代です。この不況のあおりで売り上げがだいぶ落ち、生活を切り詰め、何とかやってこられました。

しかし、どうしても月々の住宅ローンの返済だけが重く、何とかならないものかと弁護士に相談されたそうです。

相談に応じた弁護士は、

「返済ができないのであれば、自己破産をするしかない」

の一点張りだったそうです。


弁護士の言い分も理解できるのですが、自己破産をすると、当然商売の継続が難しくなるため、

「本当に自己破産するしかないのか。他に何か方法はないものか」

と悩んでいました。


そんな時、息子さんがインターネットで任意売却を知り、詳しく調べて、弊社へご相談に来られました。

Nさんの家は、奥さんと連帯債務でしたので、奥さんだけ自己破産し、Nさんはご商売のこともあるため、債務整理で債権者と交渉することにしました。

同時に、ご自宅の売却活動を進め1、980万円で売却することができました。

Nさんからは、

「千里コンサルティングオフィスの担当さんはとても親切で分かりやすく説明してくださり、家計もだいぶ楽になり本当にありがたく思っております」

とのお声をいただき、うれしく振り返っています。

Mr.リセット

**斎藤善徳のここがポイント！**

Nさんは印刷業を営まれている方でした。当社にご相談に来られるだいぶ前に、弁護士に相談をされていたのですが、その弁護士には冷たく「自己破産しかない」と言われたとのことでした。

弁護士の中には、親切で良い先生もたくさんいらっしゃるのですが、あまり親身になってくれなかったり上から目線で対応をしたり。最近テレビなどでＣＭをしている事務所は、自己破産の手続きも事務的にネット上で行われ、事務員に任せきりで、弁護士と一度も顔も合わせないところもあるそうです。

相談者の事情はさまざまです。弊社では、これからも心の通った対応を心掛けていきたいと思います。

実例29

## ❖職場にも知られず任意売却

公務員40代男性（妻、子ども2人）
債務残高　3、000万円
任意売却金額　2、100万円

Gさんは、40代の地方公務員で、2人のお子さんがいる4人家族です。

以前は給料も良く、公務員ということもありローンの審査は簡単に通りました。そして、15年ほど前に4LDKの広いマンションを4、500万円ほどで購入しました。

しかし最近は給料は下がる一方で、それに加え奥さんとパチンコにはまってしまい、気付けば消費者金融にも手を出していました。

このままではいけないと心機一転するつもりで弊社に相談に来られました。結局家は売却しましたが、持ち出し金なしで次の引越し先を見つけることができ、残債に関しては弁護士を紹介させていただきました。

Mr.リセット

**斎藤善徳のここがポイント！**

Gさんが最初に事務所にご夫婦で来られた時は、不安でいっぱいの表情をされていました。このままでは何もかも失い、仕事もできなくなるのではと非常に不安に感じておられたようです。任意売却の流れや、不安に対する答えを順にご説明させていただき、ご理解をいただきました。

結果的には一般消費者への売却が成立し、引越し先の手配もさせていただきました。もちろん仕事先にも全く知られていません。今日も頑張ってお仕事をされておられます。

物件引き渡しの時のお2人は、吹っ切れたのか、最初と打って変わって大変明るかったのが印象的でした。

実例30

## ❖裁判所執行官に「業者には関わらない方が良い」と言われた

自営業40代男性
債務残高　3、500万円
任意売却金額　2、880万円

自営業を営むSさんは、ご商売が芳しくない時期が続いたことから、8年前に購入したマンションの住宅ローンが滞るようになってしまいました。

どうすることもできず、半分は投げやりな気持ちでいたところ、競売の申立てをされ、その後裁判所の執行官が家に来ました。

「競売で家を失うのか……」

と思っていた矢先に私とお話しする機会があり、現状を詳しく伺いながら、任意売却のメリットをご説明させていただきました。

裁判所の執行官からは、
「返済が滞るようになってから訪問をしてくる業者には関わらない方が良い」と言われていたため、Sさんは私の勧めも断るつもりだったそうです。

しかし、私が説明させていただいた任意売却について、よくよく話を聞けば特に断る理由は見つからなかったと言います。

しかも担当させていただいたスタッフの対応が、Sさんにとってとても信頼できるように思えたから、との理由で正式に任意売却の依頼をいただきました。

早速、債権者との交渉を進めながら売却活動を行い、結果的に2、880万円という納得してもらえる金額で売却することができました。

さらに、引越し費用も思っていた以上に手元に残すことができました。

Mr.リセット

## 斎藤善徳のここがポイント！

Sさんには、競売の情報を元に訪問させていただいた時、「もうあきらめてるんやけど、最後は君に任すわ」と、専任媒介の契約をいただきました。ちなみに裁判所から来る執行官は競売の入札額を査定に来る人です。ですから、滞りなく競売が行われることだけを考えています。

逆に言えば債務者のことは、ほぼ考えていません。

もちろん中にはオーバートークで勧誘する業者もあるようですから、執行官は「よくわからない業者に関わらない方が良い」といつも言うようです。

それはあながち全てが間違いではありませんが、Sさんには「君を信用して任せて本当に良かった」と言っていただきました。私もその言葉を聞き、涙が出るほどうれしかったです。

今後もたくさんの方のお役に立てるよう、さらに勉強していきたいと思います。

# 第４章●●離婚のケースなど30実例から学ぶ

## 任意売却　16のよくある質問

これまでの内容と重複する部分も多々ありますが、今までご相談者様からいただいた16の「よくある質問」を最後に今一度分かりやすくまとめてみました。

住宅ローン返済で混乱しがちな頭の中を、この本でゆっくりと整理していってください。

**1．任意売却とは何ですか？**

住宅ローン返済が滞ると、いずれ所有不動産が競売になってしまうことが予測されます。そのようなケースにおいて、競売の入札が開始される前に、債権者の同意を取って不動産を民間市場で売却することを言います。

**2．住宅ローンが払えず、銀行から督促状が届きました。このまま放置しておくとどうなるのでしょうか？**

そのままにしておくと、銀行の債権回収部門、あるいは回収会社に債権が移管され、競売の申立てへと進行していきます。

### 3．自宅が差し押さえられた途端、多くの業者から訪問やＤＭ送付があり混乱しています。

自宅が差し押さえられると、裁判所から競売開始決定通知が届き、不動産の登記記録にも残されます。それを見て、任意売却を取り扱う不動産会社などから訪問やＤＭ送付がされているのです。

しかし、それだけお客様が所有されている不動産に価値があるということです。競売にかけてしまうのはあまりにももったいないということで、多くの業者が声をかけてきているのです。

### 4．任意売却を考えているのですが、どんな業者を選んだらいいのでしょうか？

皆さん初めての経験ですので、タイミングや何となくのイメージで決めるしかないかもしれません。

大事なのは、お客様の立場で任意売却を進めることができる業者を選ぶことだと思います。それには債権者との交渉力が必要ですし、一般消費者、投資家への売却力も重要になってきます。

また、

「任意売却の専門業者であるか」

「不動産協会に加盟しているか」

「宅建番号の有無」

「代表者の経歴」

「スタッフの印象」

も一つの目安です。

最近では、

「任意売却○○ 全国対応」

というようなサイトが多数見受けられますが、実体は、いわゆるポータルサイトです。

そこから依頼を受けた業者が対応する、という形になるため、充分な経験知識を持っていない業者、満足な対応ができない業者も多いと聞きます。

あらゆる点で、地域密着の任意却専門業者が安心だといえるでしょう。

## 5. 任意売却のあとに残った債務はどうなりますか?

任意売却後に債務が残る場合は、債務者の収入状況や生活状況を十分考慮した上で、債権者に対する返済計画が検討されることになります。

一般的には当初借入金から大きく圧縮された金額で決着することが多いとお考えください。

## 6. 任意売却は必ず成功するのですか? 債権者は応じてくれるのですか?

債権者や物件、借入状況にもよりますので、100%成功するとは言い切れません。

しかし、債権者にとっても競売より高値で売却ができる任意売却はメリットがありますので、大半の債権者が交渉のテーブルに着いてくれます。後は、どれくらいの金額で競売の取り下げに応じてくれるかですが、そのあたりは経験豊富な任意売却専門業者に任せた方がいいでしょう。

なお、購入時のオーバーローン、収入や勤務先の変更など、住宅ローン申込時の内容は競売の取り下げとはまったく関係ありませんので、ご安心ください。

## 7．弁護士に自己破産手続きをお願いしているのですが……。

基本的には問題ありません。お客様からと当社からそれぞれ弁護士に連絡を入れ、了解をいただいた後に任意売却を行う流れになります。その際、お客様から業者を指定したいと申し出てください。

弁護士の提携業者は、手続き自体は問題ないものの、わずかな引越し費用しか残らないというケースが多いと聞きます。また、中には事務員に任せきりで、何もしない弁護士もいますので、注意が必要です。

自己破産はいつでもできます。まだ着手金を払っていないのであれば、任意売却をされてから考えられた方がよいかもしれません。着手金を準備する期間が長引くのも任意売却の機会損失になるのでご注意ください。

## 8. 任意売却後のサービスはどうなっていますか?

当社の場合ですが、引越し先の手配から、引越し・ゴミ処分業者の手配、不要になった家具・家電の売却、債権者との残債返済計画の交渉、司法書士・弁護士の紹介等、売却後もお客様の新生活を全面的にサポートしています。

## 9. 任意売却の際、税金や国民年金などの滞納分はどうなるのでしょうか?

税金などの滞納による差押えが付いていなければ、そのまま売買ができます。

しかし、差押えが付いている時には、それぞれ市町村や管轄部署への対応が必要となります。これらの対応についても、通常は任意売却専門業者がお客様に代わって行います。

## 10. 売却後の残債の支払いなどで、妻や子どもに迷惑がかからないか心配で、任意売却に踏み切れません。

お金の貸し借りは当事者間の契約のみで成り立っています。

つまり債権者側からは、住宅ローンを組んでいる当人や連帯保証人などにしか請求することができません。しかも、当事者以外にその秘密を漏らすことさえ禁止されています。

いくら債権者でも、

「一緒にこの家を使っていたあなたにも責任があるのですから、奥さん払ってくださ
い」

とは言えない訳です。

その点は心配無用といえますが、たちの悪い業者が絡むと嫌なことも起こりがちです。そのためにも信頼できる業者の元での任意売却をお勧めします。

## 11．任意売却を依頼すれば、債権者と顔を合わさなくてもすむのでしょうか？

大丈夫です。

任意売却の依頼を受けた後は、不動産の処分が終わるまで、任意売却専門業者がお客様に代わって債権者と直接やりとりします。全てが終わってから、一度だけ決済時に顔を合わせます。

## 12. 任意売却中に火災保険の更新通知が来たのですが？

年払いの火災保険であれば、更新して保険料を払っておくことをお勧めします。任意売却といえども、万が一のリスクへの備えは欠かせません。もし火災になって燃えてしまうようなことがあれば、保険金が支払われます。保険会社は、質権設定がされていれば質権者へ、質権設定がなければ契約者へ支払います。

また、住宅購入時に長期の火災保険に加入している人は、保険料が数十万円あるはずですから、これをいったん解約して年払いの火災保険にすれば、多少の手元資金を残すことができます。

## 13. 任意売却すると旅行や転居に裁判所への届け出が必要って本当ですか？

旅行時や引越し時に、裁判所への届出や許可が必要なのは、破産の時だけです。任意売却をしたからと言って何の制限も受けません。職務上の資格制限などもないので、どのような仕事に就くことも問題ありません。

## 14. 任意売却をするときなど、引落口座の残高はゼロにすべきでしょうか？

任意売却をするときには、住宅ローンの引落口座をいったんゼロにして、資金の動きがないようにしてください。住宅ローンの返済と電気・ガス・水道・電話料金などの引落としが同じ口座になっている場合には、住宅ローン以外の引落としを他の銀行の口座に変えれば大丈夫です。

## 15. 競売になってしまいましたが、まだ任意売却が可能ですか？

可能ですが、急がなくてはなりません。
競売になると、いずれ開札日が決まります。早くて4か月、遅くとも6か月後には落札されて出て行かなくてはなりません。

競売になってしまった場合の任意売却の可能性を一つの目安として記しておきます。

任意売却できる可能性
①担保不動産競売開始決定通知が届いてすぐ　70％
②執行官と不動産鑑定士が内覧の調査に来た　50％

③期間入札3か月前　40％
④期間入札2か月前　30％
⑤期間入札間近　　10％

実際には、流動性のある不動産なのか、流通性の高い地域なのか、債権者の数や競売に至るまでの経緯などによってこの可能性は変わってきます。

しかし、時間がない人でも親子間や身内間等で購入したいという人がいる場合は、販売時間を取られることもありませんので、たとえ1％でも可能性があるのであれば任意売却をする価値があるでしょう。

## 16. 任意売却の立ち退き料はもらえるの？

本来、売却代金は住宅ローン返済に回されるものですから、全額を債権者に持っていかれてしまい、引越しができない例も見られます。

しかし、債権者の配慮により、売却代金の中から一部を引越し代として配分し、お客様にお渡しするというのが一般的なケースとなります。債権者にとっても競売より任意売却の方が、回収金額が多くなる可能性が高いので多少の融通が利きます。

実際にいくらもらえるかというと、その時の売却金額や債権者の数などケースバイケースなので、一律でいくらと決まってはいませんが、弊社の場合ですと平均で40万円~60万円位をお渡ししております。また、「必ず70万円」「必ず100万円」などと広告する業者も見かけますが、さまざまな条件を付けて、結局はほとんど残さない、というケースも多くあるようです。お気を付けください。

# 知っておきたい任意売却にまつわる用語

## ■競売（ケイバイ）

競売とは、債権者（銀行等）に担保として提供した土地や建物などの不動産について、その債務（住宅ローン等）の返済ができないとき、債権者が裁判所に申し立て、その不動産を差し押さえて、強制的に裁判所の管理下で売却し、その売却代金から債権者が支払いを受ける制度をいいます。

競売は、厳密には一般の売買と違い、国の行う強制処分という性質を持っていて、打ち手の役目を裁判官、書記官、執行官が行います。競売の物件の呼称は「競売事件番号平成○○年（ケ）第○○○○号」となります。

通常の不動産取引と違って、物件に関するさまざまな情報が売主側から開示されることはなく、物件の内部を直接見ることもできません。また、買受後に訴訟や、強制執行の手続きをとらなければならないケースもあります。よって、入札額は市場価格より低いケースが多くなります。

## ■強制執行

強制執行とは、債務者が任意に債務の弁済をしない場合、債権者が裁判所に申し立て、債務者の財産を処分し、強制的に債権を回収する方法のことをいいます。相手の意思に関わらず、国家機関である裁判所によって財産が強制的に換価されるものであるため、強制執行と呼ばれます。

競売落札後の明渡し交渉が上手くいかない場合には、引渡し命令を債務名義として強制的に明け渡しを実行することになります。

この強制執行には別途執行費用がかかりますが、占有者との明け渡しの話し合いがつかなければ、合法的に立ち退きを実行できる強力な手段となります。

## ■売却基準価額、買受可能価額

２００５年４月１日から改正民事執行法が施行され、最低売却価額制度が見直され、新しく売却基準価額・買受可能価額の制度が導入されました。

売却基準価額は、これまでの最低売却価額と同じ価格水準です。

「売却基準価額」からその２割を控除した額を「買受可能価額」と言い、買受可能価額以上の額であれば、入札ができます。「売却基準価額」と「買受可能価額」の両方が公告されます。入札の際の保証金額は、原則「売却基準価額」の2割となります。

## ■抵当権

金融機関が不動産を担保に融資するときに、いわゆる「借金のかた」として設定する担保権のことをいいます。目的物の範囲は、登記・登録の制度のあるものに限られ、他に地上権・永小作権のほか、立木・船舶・自動車などに及びます。抵当権は、当事者間の合意によって成立します。不動産の抵当権は、借り手が返済できなくなった場合に債権者が実行し、任意売却や競売などの手法によって債権を回収します。

## ■住宅金融支援機構

2007年3月末で廃止となった住宅金融公庫の後継組織として同年4月1日付

で発足した独立行政法人です。所管省庁は、国土交通省と財務省です。

経営理念は、

「私たちは、自立的で、透明性・効率性の高い経営のもと、顧客価値の創造を目指して多様な金融サービスを提供することにより、住宅金融市場における安定的な資金供給を支援し、我が国の住生活の向上に貢献します」

以前は、競売になってしまった場合でも任意売却を認めていたのですが、新組織となって以降、いったん競売となってしまった場合には任意売却を認めない方針となっています。

## ■サービサー

サービサーとは、不良債権の回収代行専門業者です。

従来、債権回収は弁護士のみに認められた業務でした。しかし、債権回収業務の重要性の高まりを背景に、1999年2月1日に施行された「債権管理回収業に関する特別措置法（通称、サービサー法）」で、扱える金銭債権の種類を限定する形で、民間企業も参入が可能になりました。

サービサーは、法務大臣の許可が必要で次の要件を満たさなくてはなりません。
・資本金が5億円以上の株式会社であること。
・業務に従事する取締役の1名以上が弁護士であること。
・役員等に暴力団員等が含まれていないこと。
・暴力団員等がその事業活動を支配し、あるいは暴力団員等を業務に従事させるなどの恐れのある株式会社でないこと。

■債権者

債権者とは、債権（ある人が別のある人に対してお金の支払いなどの特定の要求ができる権利）を持つ人のことです。簡単に言えば、お金を貸している人です。住宅ローンでは、銀行などの金融機関が債権者となります。

■債務者

債務者とは、債務（返済しなければならないという義務、責任）のある人のことです。簡単に言えば、お金を借りている人のことです。

住宅ローンでは、ローンの借り主が債務者となります。

## ■残債

借金の残額のことをいいます。

債務整理をした後に残る支払義務のある借金やローンなどのことです。任意売却をし、売却金額で残債全額を返済できない限り、債務は残ります。無担保債権として残る債権は、住宅ローン会社や金融機関から債権回収会社（サービサー）という会社に譲渡されます。サービサーは残債の支払を求めてきます。粘り強く交渉すれば、債務の圧縮や、債務免除をしてもらえる場合があります。

## ■自己破産

自己破産とは、借金超過で苦しんでいる人を救済し、再び立ち直るチャンスを与えるために国が作った制度です。

破産とは、債務者が多額の借金などにより経済的に破たんした場合、最低限の生活用品などを除いた全ての財産を換価して、全債権者に その債権額に応じて公平に弁済することを目的とする裁判上の手続きのことをいい、債務者自らが申し立てる破産を自己破産といいます。

破産の申立てをし、破産手続き開始決定を受け、最終的に免責決定を得ることが目的です。

自己破産のデメリットとしてブラックリストへの登録があります。信用情報機関にいわゆる「ブラック」として登録されてしまいます。登録期間は、信用情報機関によって多少の違いがありますが、およそ5年~10年です。この期間は、銀行や信販会社からお金を借りたり、クレジット会社からカードの発行を受けたりすることが困難となります。

■連帯債務者

住宅ローンの借入本人（主たる債務者）とともに一つの債務を連帯して負担する人のことです。

債権者は、全部の弁済を受けるまで、債務者、連帯債務者のどちらに対しても自由に弁済の請求ができますが、一人が全部弁済すれば他の債務者の債務が消滅します。

夫婦などが収入合算をして住宅ローンを借りる場合、収入合算者を連帯債務者とするケースと、連帯保証人とするケースがあります。

## ■催告書

催告書とは、債権者が債務者に対して債務の弁済を促すために行う通知のことです。

債権者は、裁判上の請求や相手が時効を援用したときの証拠とするために催告書を内容証明郵便で送ります。時効を中断するには、訴訟を起こしたり、支払督促、差押え、仮差押え、仮処分等の裁判手続きを取る必要があります。

催告は、単に請求後6か月間時効の完成を中断させるだけですから、その期間に裁判上の請求をしなければその効力はなくなります。

よってこの期間内に裁判上の手続きに入ります。

## ■差押え

差押えとは、債務返済が滞っている債務者から強制的に回収するための手段です。滞納者の特定財産について、法律上又は事実上の処分を禁止し、それを換価できる状態にしておく最初の手続きです。

差押えの対象となる財産には、

・動産、有価証券

滞納者が所持しているもの。但し、他人に帰属することが明らかなものは除く。

・不動産、電話加入権等

滞納者名義で登記又は登録されていること。

・債権

借用証書、預金通帳、売掛帳、取引関係帳簿書類、第三債務者の調査により、滞納者に帰属すると認められたもの（給与・賞与・退職金・国税還付金など）などがあります。

# あとがき

「人生のリセット」と聞いて、皆さんはどんなことを思われますか？

人生には、さまざまな節目があります。岐路、分岐点、ターニングポイントとも言えますが、うれしい選択ばかりではなかったと思います。苦渋の決断や、迷いに迷ったこと、今なお「あれでよかったのかな？」と思うこと……。いろんなことがあって、今がおありでしょう。

私にとっても、たくさんの節目、リセットがありました。卒業を経て、住宅の建売会社や不動産仲介会社に就職したこと、多くの人と接してきたこと、自分自身のライフスタイルの変化など。どれも今思えば必要なリセットで、それがあったから今の私があると思っています。

言い換えれば、リセットのない人生などありえないのです。

## ●●あとがき

私は30歳という一つの節目で、わが子の誕生といううれしい出来事が後押しし、一念発起して独立しました。ハウスクリーニング業を創業したのです。不動産業に長く従事していた私は、家や店舗の掃除を引き受けるその仕事のノウハウも意義もよく分かっておりましたし、営業力には自信がありました。最初のうちは、仕事は順調に舞い込んでいました。しかし、ハウスクリーニングの根底の、一番大事なことは、営業力ではなかったのです。やはり、丁寧な、確実で間違いのないクリーニングの仕事をきちんとこなしてこそ、次の仕事やご紹介につながるのです。私は、自分の営業力を過信しておりました。

ふと気付けば、一度は仕事が舞い込んでも、二回目がない、新規開拓ができない、仕事がない、やがて、独立資金の返済に困るようになりました。家族もいる、何とかしないといけないともがく中で、借り入れは増え、その返済は滞るという、まさに八方ふさがりの状態となるのに時間はそんなにかかりませんでした。目先の資金調達のために、利用してはいけない高利のお金を借りてしまおうかとも思うほどでした。それくらい、気持ちが弱って追い込まれていたのです。

私がハウスクリーニング業から撤退し、長いトンネルから抜け出し「リセット」できたのは、相談した友人の「今すぐ辞めたほうがいい」という一言のおかげでした。

辞めるという決断をした私はハウスクリーニング業を畳み、再び会社員として不動産に関わることになりました。借入金を完済し、そして経験を積み現在の会社を創業するに至ります。

創業時は大阪府豊中市新千里南町でのスタートでした。千里の会社なので社名に地名をいれました。1年後には本社を現在の大阪市北区へ移すのですが、社名の変更をすることなく「千里」の名前を残しています。今となっては「千里の道も一歩から」という言葉とも重なり、私のこれまでの人生を振り返ることができ、とても気に入っています。

## ●●あとがき

わが社には、「リセットしようか、どうしようか」と迷っておられる方がたくさん来られます。その多くは、住宅ローンやそれ以外の負債を抱え、夜も眠れない日々を送っておられることが、自分の経験からよく分かるのです。

目先の返済のことだけに気持ちが向かい、冷静さを失ってしまうことで、リセットはおろか、次なる苦難の連鎖になってしまうのです。

もし「住宅ローンの返済ができない」「リセットしたい」と思ってこの本を手に取られたとしたら、どうか一歩前へ踏み出し、現状を受け止め、解決策を探り、最善の方法を見つけていただきたいのです。

私の会社の営業範囲は、大阪府下をはじめとする近畿圏に限らせていただいておりますが、全国にきっと私どもと同じ思いの任意売却専門業者がいるはずです。

本書でもお伝えしました任意売却専門業者を選ぶ基準なども参考にしていただき、あなたのリセットの良きパートナー業者を見つけていただければ幸いです。

専門家として任意売却に従事してきた長い経験から、よくお客様にお伝えすることがあります。

「最高ではなく、ぼちぼちを目指そう」

どんなことがあっても、今より悪くなることはありません。思いつめず、再生していきましょう。きっと大丈夫です。

もし、今住宅ローン返済でお悩みだとすれば、少しはお役に立てたのではないかと思います。

人は誰でも再生できます。リセットできます。私はそう思っています。やり直しをする。それも人の長い歴史の一部です。

信頼できるプロのバックアップを得て、あなたが決めて、あなたが行動する。

ただそれだけのことなのです。

二〇十六年　四月

斎藤　善徳

**斎藤　善徳**（さいとう　よしのり）

**千里コンサルティングオフィス 株式会社 代表取締役**

・宅地建物取引士
・住宅ローンアドバイザー

昭和45年3月5日生まれ。平成5年住宅建売会社入社、不動産仲介会社勤務後、フランチャイズ加盟のハウスクリーニング業で独立するがうまくいかず、多重債務状態になる。その後、不動産仲介会社に戻り、債務を全額返済する。縁があり任意売却を多く扱う会社に入社。その後、豊中市でせんりコンサルテイングオフィスを創業し、のち千里コンサルティングオフィス株式会社設立。


**千里の道も一歩から**

千里コンサルティングオフィスは豊中市新千里南町で設立いたしました。その一年後に大阪市北区へ本社事務所を移転しましたが、社名の「千里」はそのまま残しました。千里という地名を元に付けたのですが、今ではこの言葉の響きを大変気に入っております。


わかりやすい**任意売却**

2016年4月15日　初版第一刷

著　　者　斎藤善徳
発 行 人　財津正人
発 行 所　株式会社 本分社　http://honbunsha.jp/
〒730-0048　広島県広島市中区竹屋町1－18 パステル竹屋 1F
電話 082(259)3925　FAX 082(259)3926

発 売 元　株式会社コスモの本
〒167-0053　東京都杉並区西荻南3-17-16
電話 03(5336)9668　FAX 03(5336)9670

印刷・製本　株式会社 シナノ パブリッシング プレス





Printed in Japan　ISBN978-4-86485-028-5 C0032